Conserver la couverture

7ᵉᵐᵉ Bᴼᴺ de MOBILES de la SEINE
CAMPAGNE 1870-1871
DESSINS de A. NORMAND
D'APRÈS les CROQUIS de BÉROD

Lith. Grandjean & Cascard, 12, Rue du Jardinet, Paris.

Bérod, Éditeur, 36, rue du Bac.

h 4
h 1325

A mes camarades du 7ᵉᵐᵉ Bⁿ C.

Berod

ex garde mobile

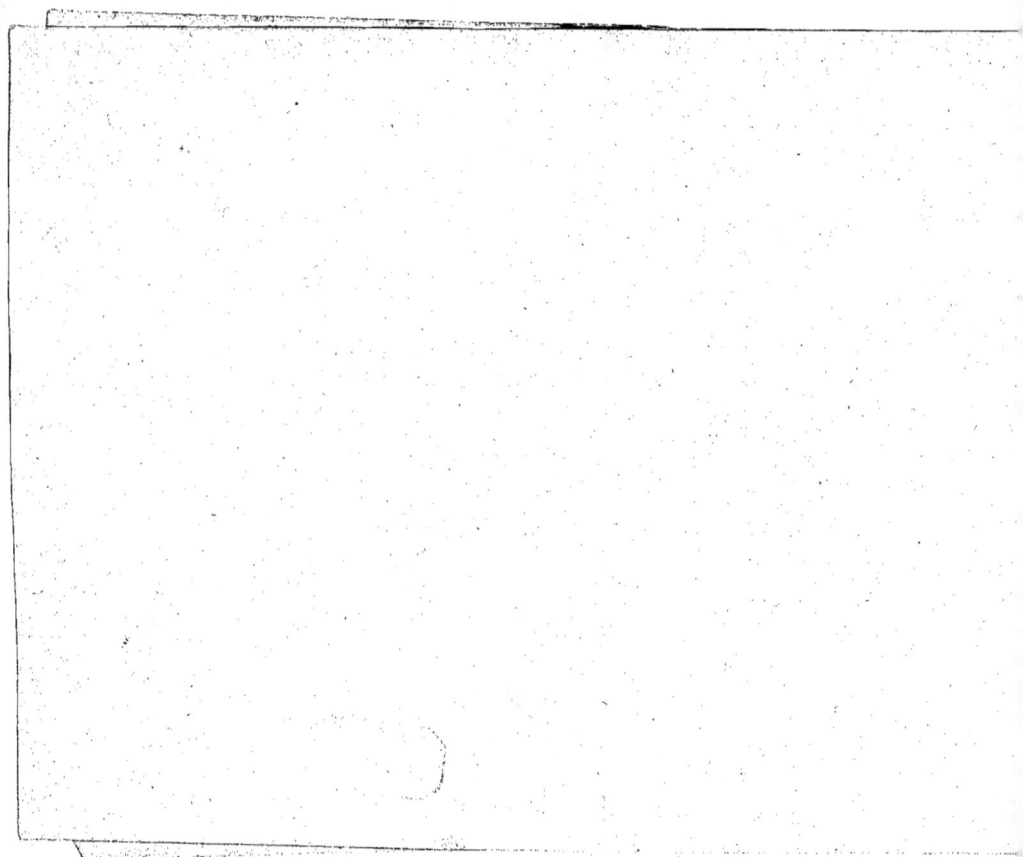

Texte

PAR

Mr de Grandeffe

à intercaler dans l'Album de Mr Berod,

en regard de chaque planche.

Imp. Grandjean & Cascard, 13, Rue du Jardinet.

Ih4
1325

Planche 1ère

7me Bon des Mobiles de la Seine.
Campagne 1870-1871.

Ce n'est pas sans raison que parmi les bataillons de la mobile, nous avons fait choix du 7e bataillon de la Seine; sa première histoire est un peu, comme on le verra dans ce chapitre, le commencement de l'institution tout entière. On l'appelait au Champ-de-Mars, le bataillon-modèle; son chef, le comte de Vernou-Bonneuil, ancien officier de Crimée, avait donné plus d'un conseil utile et indiqué plus d'une réforme désirable.

Dès le début, le 7e avait, aux Invalides, son quartier-général, et à la mairie de la rue de Grenelle; ses rapports quotidiens, ses exercices, son école d'instruction, ses conférences militaires. Le bataillon n'en était encore qu'à la classe 1867 que déjà il attirait l'attention du général Soumain et du colonel Berthaut. Comme le maréchal Niel, ces deux chefs distingués avaient compris ce qu'on pouvait tirer de la garde mobile et ils en furent aussi les créateurs.

Les mobiles de province savent, mieux que nous, se taire et obéir. Mais que de qualités charmantes et en même temps solides rachètent, leurs défauts incorrigibles du soldat parisien! il est railleur, mais peu crédule; il est espiègle, mais brave jusqu'à la témérité; s'il est paresseux quand on sonne l'appel, il ne l'est pas quand il entend battre la charge.

J'en conviens, l'ironie de son esprit a quelque chose d'agaçant; ce sceptique ne respecte rien; n'ont-ils pas eu l'idée d'appeler eux-mêmes notre cher bataillon, le 7e baladeur! Moi qui l'ai vu au feu, je vous réponds que beaucoup de gens envieraient; à ce prix, un tel sobriquet.—

Berod Editeur.

Imp. Grandjean & Gascard Tbr. du Jardinet.

Extrait du livre de Mr de Grandeffe.
En vente chez Dentu, 17 et 19, Galerie d'Orléans - Palais-Royal.

Bon des MOBILES de la SEINE
CAMPAGNE 1870-1871
...SINS de E. MORIN...

Lith. Grandjean & Coscard, 12, r du Jardinet, Paris.   N° 1.   Bérod, Édit^r. 38, rue du...

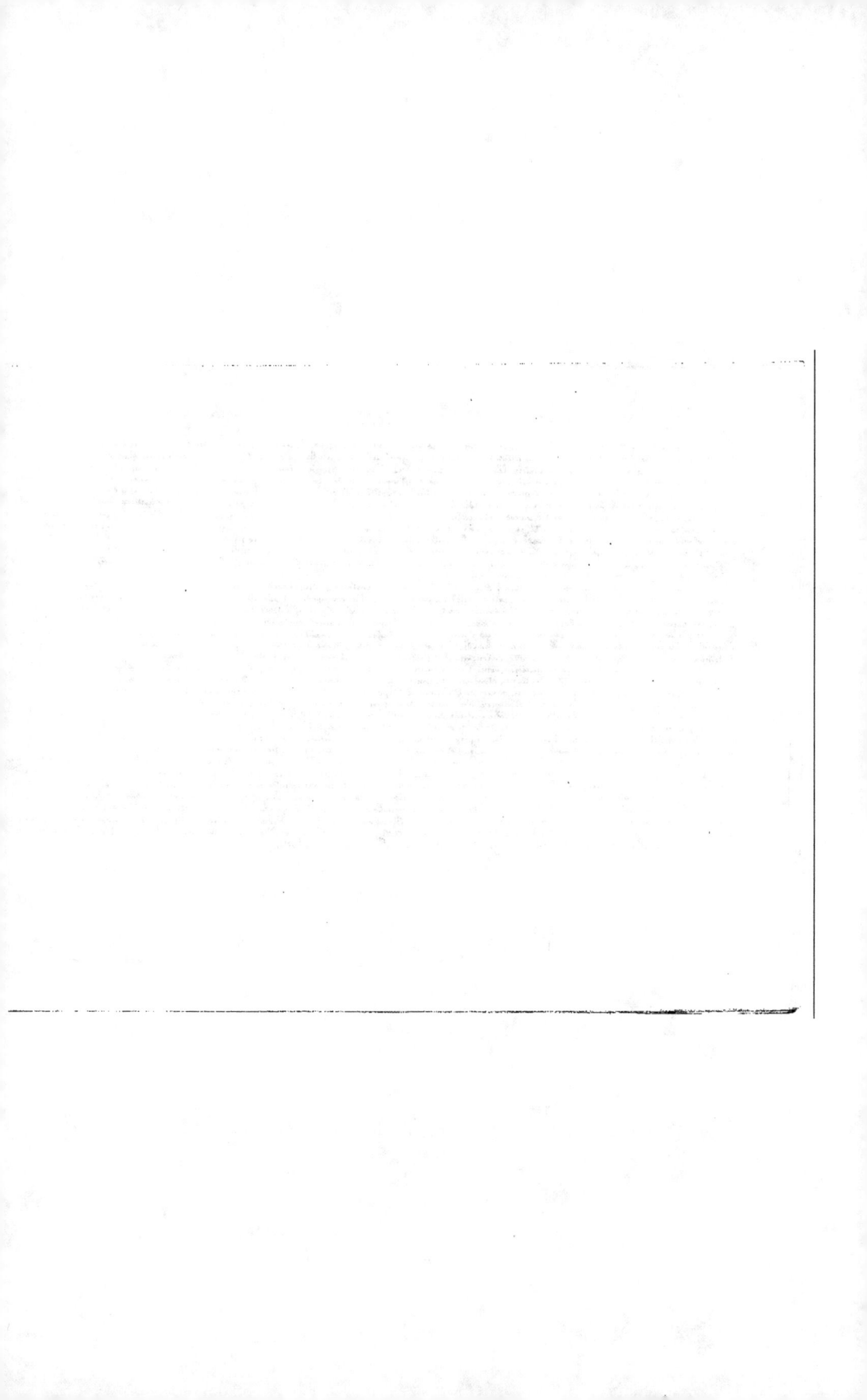

Pl. 2.

Puisque les élections du 7e sont faites, laissez-moi vous dire un mot des élus. Je ne parlerai pas du commandant qui est un peu l'âme de ce livre. Il est aujourd'hui colonel, en attendant qu'il soit général; c'est un brave cœur et j'ai trop de bien à en dire pour ne pas attester les suites du récit qui me ramènera naturellement sur ce sujet. Parlons un moment des capitaines qu'il avait su grouper autour de lui à l'origine de la mobile. Le plus ancien était un honnête officier sorti des rangs de la garde nationale, toujours correct dans son service, le capitaine de Vilar. Il avait fait remarquer dans le 4e Bataillon de cette milice. Il voulut prendre un service plus actif et quelque reste à Paris à la compagnie de dépôt; il n'a pas eu le rôle le moins laborieux. Brave cœur, bon soldat et loyale nature du Midi. Le suivant, le capitaine Raoul, sortait aussi de la garde nationale et même du barreau de Paris. Il a pris part à toutes les opérations du 7e, et si vous me demandez mon avis sur son compte, je vous renverrai à ses camarades qu'il aimait assez pour lui rendre la vie très heureuse, et à son colonel qui l'a proposé pour le grade de chef de bataillon. Le capitaine de Venel, homme des plus distingués, n'avait pas hésité à quitter pour la vie active des camps, une position administrative des plus élevées. Il fut un des ornements de ce bataillon où l'on comptait beaucoup d'officiers de mérite. La 1re compagnie était commandée par Denis de Rivoire, chef actif, courageux, alerte, véritable soldat qui dans les circonstances difficiles s'est toujours montré à la hauteur de son rôle.

Le capitaine qui vient ensuite est de l'Anjou c'est le baron de Cambourg. Aussi intelligent que brave, il était doué de toutes les qualités du cœur et de l'esprit. En voilà un dont il serait difficile de médire! Je l'ai connu dans l'intimité et je ne souhaite à nos armées qu'une chose, c'est d'avoir beaucoup de chefs qui lui ressemblent. Le cercle de fer des Prussiens a étouffé dans Paris toutes ces intelligences d'élite et tous ces courages qui auraient produit de brillants faits d'armes en rase campagne. Cambourg avait l'esprit si ingénieux que sa troupe ne fut jamais tombée dans les pièges prussiens et qu'il eût montré plus d'une fois à ces habiles adversaires, qu'un gentilhomme pour unir toutes les ressources de l'invention au courage le plus éprouvé. Jeune et hardi, rien ne l'arrêtait. Mais à quoi bon rappeler tout cela. L'étrange administratif a été le tombeau de toutes ces qualités et de toute cette valeur qu'il a fallu bon gré mal gré concevoir stériles en ses cœurs!

Nous avions deux autres capitaines, dont l'un donna sa démission avant l'élection, et dont l'autre fut attaché à la personne du gouverneur de Paris. Le premier, de Leslerp, était un homme charmant, fort actif, qui rendit de réels services auprès de l'amiral Bouillio, et qui avait payé de sa personne, au camp de Châlons, à l'époque de notre entrée en campagne. Nous l'aimions beaucoup, et on l'appelait le capitaine Brun, pour le distinguer d'un autre dont je ne veux pas dire de mal, et que le commandant de Vernoi appelle encore le capitaine Blond. Le capitaine détaché auprès du général Trochu, était d'Hérisson; déjà connu par sa campagne en Chine. Il n'hésita pas à revenir d'Amérique au moment de la guerre, et pendant le siège, il a joué un rôle qui se rattache à l'histoire générale de la guerre, bien qu'éloigné du théâtre où le 7e mobile figurait plus particulièrement. Je ne dirai donc rien de plus de cet officier, que nous avons toujours réservé pour un homme distingué et que nous avons eu le regret de perdre trop tôt. Les élections nous ont renforcés de trois capitaines, de Beaufort; de Vandeul et de Gonteau Biron, ces trois officiers ont bien porté chez nous leurs beaux noms. Quoique d'une promotion différente, ils se sont montrés dignes de leurs vieux camarades. Mais tel est l'esprit militaire, que déjà la question d'ancienneté avait établi une petite ligne de démarcation au point de vue de la camaraderie. Les vieux se tutoyaient entre eux, mais ne tutoyaient pas les nouveaux; et tous n'avaient pas encore trois mois de compagnie! Jugez si l'on devient vite soldat en France.

Pour terminer cette petite biographie, je citerai quelques noms de braves officiers, lieutenants et sous-lieutenants, qui donneront une idée de la composition de nos cadres. Nous avions le comte René d'Hébrand, capitaine-adjudant-major devenu plus tard notre commandant. Puis de Brosse, de Kergorlay, de la Giclais, de Clermont, de Saint-Pierre, Aublet, Leroy, Nicolet, Cellier, Claire, Pailler, etc., tous jeunes gens des plus braves et des plus distingués.

Garde Nationale Mobile de la Seine.

7ᵉ BATAILLON.

Mᵉ. DE VERNOU-BONNEUIL, Lieutᵗ Colonel, ex-Commandᵗ du Bataillon.

ÉTAT-MAJOR
{
M.M. d'Héliand, Chef de Bataillon
de Bourqueney, Lieutᵗ-Adjudant-Major
Bourdon, Médecin-Major
Méraud, Capitaine, Officier-payeur
Le R.P. Tailhan, Aumônier.
}

Compᵉˢ	CAPITAINES	LIEUTENANTS	SOUS-LIEUTENANTS
1ᵉ	MM. Denis de Rivoire	MM. de Clermont	MM. Gratiot
2ᵉ	de Venel	Claire	Multedo
3ᵉ	Maupoint de Vandeul	Pouzin	de Grosourdy de Sᵗ Pierre
4ᵉ	de Cambourg	de Brosses	Magon de la Giclais
5ᵉ	de Guilloteau de Grandeffe	de Kergorlay	Aublet
6ᵉ	d'Hertault de Beaufort	Nicolet	Leroy
7ᵉ	de Gontaut-Biron	Sellier	Payelle
8ᵉ	de Vilar de Boisembert	Schiel	Bonin

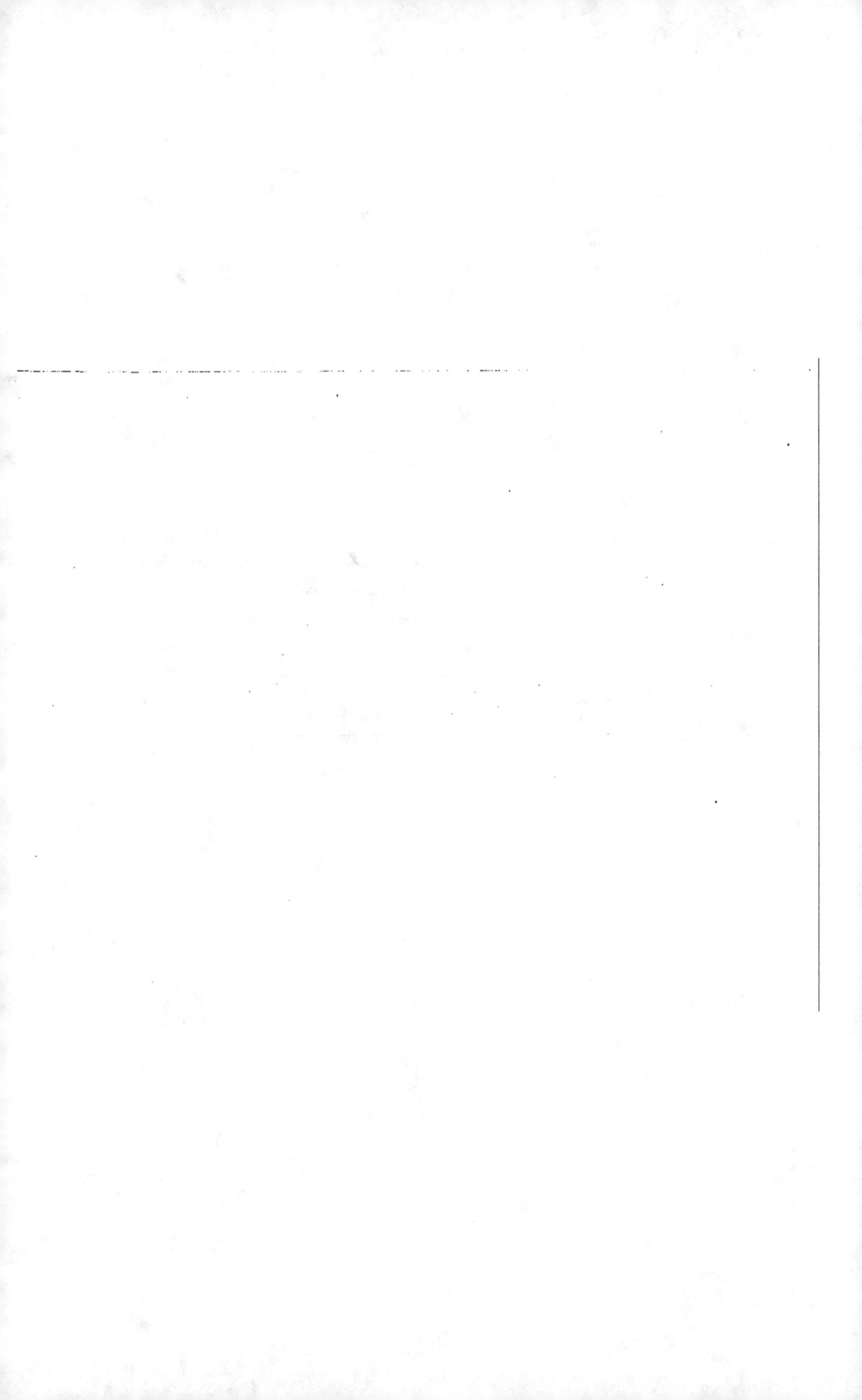

Pl. 3.

Riche et belle nature, ce soldat savait se faire aimer, malgré quelques orages qui grondaient parfois autour de ses paroles. Il était bon jusque dans sa sévérité. On sentait l'homme de guerre sous le vernis de l'homme du monde.

Dans la vie privée, le commandant s'effaçait chez lui derrière l'homme du monde. Mais en revanche, sur le terrain, le commandant reparaissait tout entier.

———————————

N° 5

Lith. Gautier & Garcet, 21, rue Serpente, Paris

Bureau Edit.™ 14, rue de Berri

Cte de Montauban de Palikao

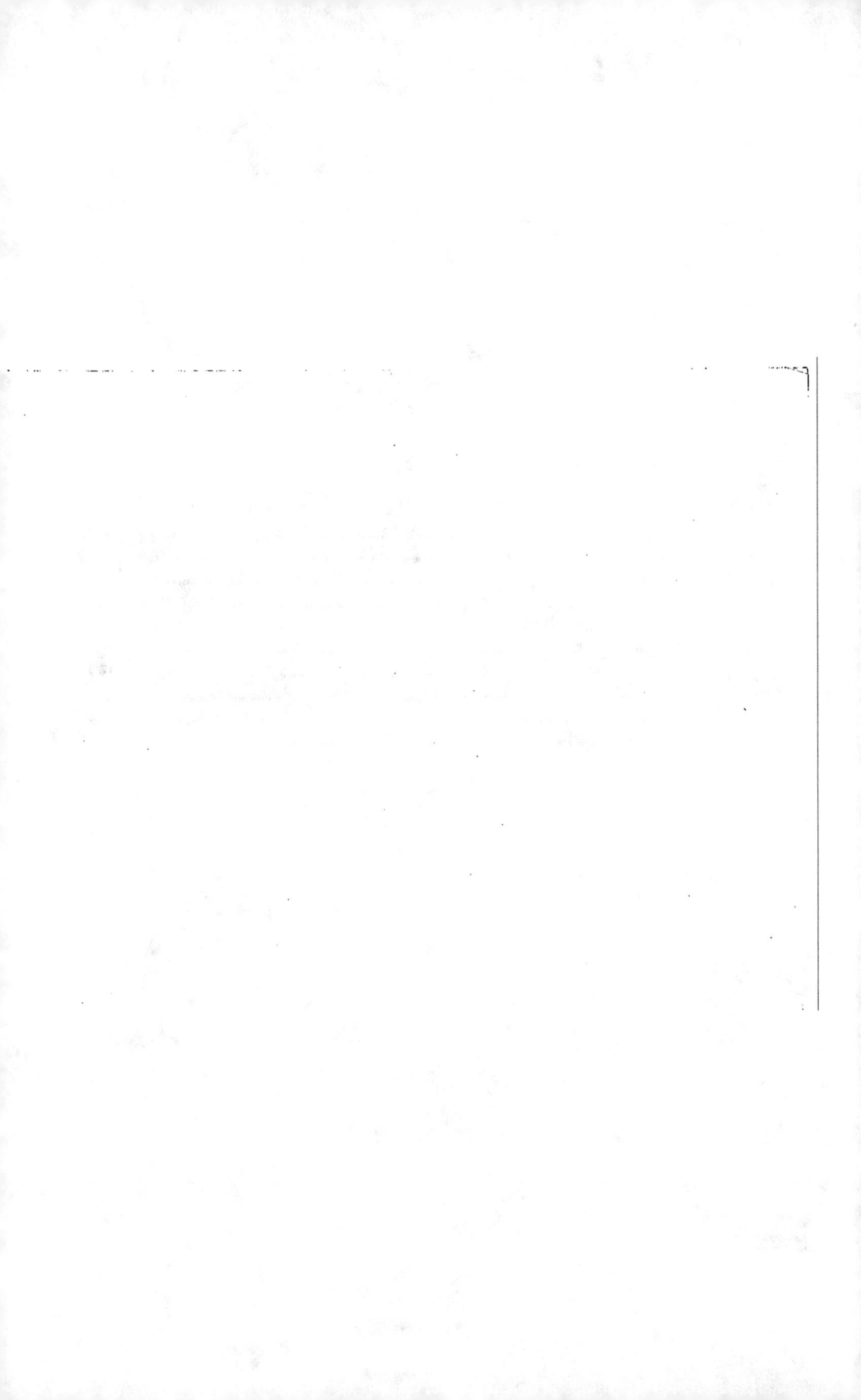

Pl. 4.

Le même désordre que j'avais constaté à la caserne de Lourcine présida à notre départ pour la gare. Je vois encore d'ici le colonel et le commandant à cheval, à la tête de notre colonne; nous étions à peine sortis du quartier de Latour Maubourg que déjà amis et parents s'étaient glissés dans nos rangs, et quand nous parvînmes aux boulevards, en passant par la rue Royale, il était difficile de savoir au juste si l'on voyait passer un bataillon ou une manifestation populaire. C'était la procession la plus bigarrée qu'on ait pu voir; elle était composée de mobiles, de soldats, de bourgeois, d'hommes en blouse, de gamins; les femmes y étaient en grand nombre et j'y ai remarqué jusqu'à des voitures. Cette colonne marcha ainsi une heure et demie durant, chantant les mêmes airs que j'avais entendus rue Mouffetard. La police se taisait; c'était l'Empereur, disait-on, qui avait donné le signal, en faisant chanter la Marseillaise à Saint-Cloud.

Nº 4.

DÉPART POUR LE CAMP DE CHALONS.

1ᴱᴿ AOÛT 1870.

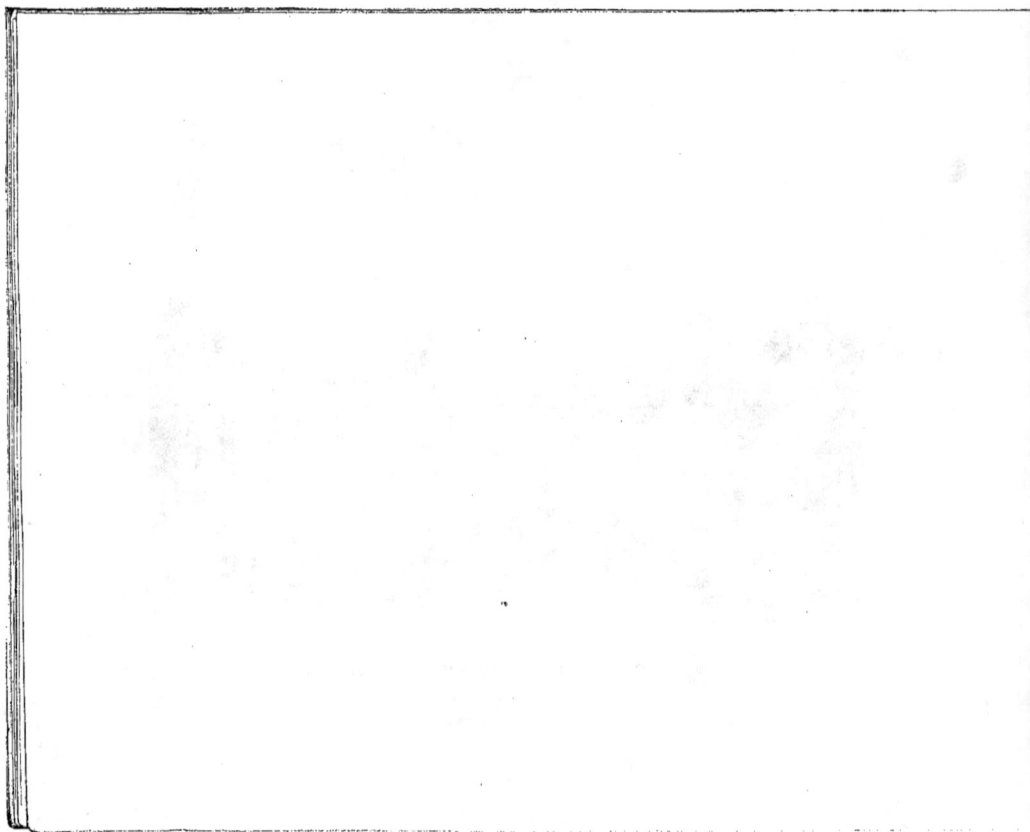

Pl. 5.

Enfin l'ordre de départ fut donné le 1ᵉʳ Août. Nous nous dirigeâmes vers quatre heures, de la caserne de Latour-Maubourg, à la gare de la Villette, sur le quai des marchandises et des bestiaux.

Après avoir bien chanté, bien bu, bien serré les mains des hommes du peuple qui nous accompagnaient, nous montâmes en wagon.

Pendant que nous devisions tranquillement dans notre wagon, les mobiles employaient leur temps d'une façon plus bruyante: ce ne fut pendant toute la route que cris discordants et chants patriotiques. Ils sont un peu calmés aujourd'hui. C'est l'effet de plusieurs mois de campagne. Mais alors on n'en était qu'au début; les amis et les parents avaient bien garni la bourse des voyageurs et abondamment fourni leurs sacs de vin et de provisions. Ce vacarme, qui dura toute la nuit, fut à peu près le seul incident du voyage.

———————

N° 5.

CHEMIN DE FER DE L'EST.

LES ADIEUX A LA GARE D'AUBERVILLIERS.

Pl. 6.

On voyait de chaque côté de la route que nous suivions, plusieurs rangées de tentes, en forme de pains de sucre, alignées comme les arbres d'une allée. Sous ces tentes, il n'y avait absolument d'autre installation que la terre nue « Allons! disait chaque chef, telle compagnie, voici votre cantonnement! » « C'est là que nous allons coucher! répondaient les hommes. Eh bien! et la paille?» Ils ignoraient que dans l'état militaire on ne doit jamais ni se plaindre ni rien demander. La paille vint réglementairement; je me hâte de le dire; mais enfin elle se fit attendre, et le moblot défiant commençait à n'y plus croire.

Lith. Grandjean & Cascard, 12, r. du Jardinet, Paris.

N° 6.

Bérod, Édit.ʳ, 38, rue du...

CAMP DE CHÂLONS.

VUE GÉNÉRALE

Pl. 7.

C'est égal, même après l'arrivée de la paille, la première soirée ne brilla pas par la folle gaîté des nouveaux venus. En passant la tête à l'entrée de chaque tente, j'ai vu plus d'une figure longue et plus d'un visage arrosé de larmes. Il y avait entre autres un jeune homme à l'archélif qui faisait peine à voir. Deux grosses larmes glissaient lentement sur ses joues ; dans sa douleur muette il pensait sans doute à sa mère, aux doux soins qu'elle lui donnait, on lui que le soir il retrouvait au foyer domestique. Mais comme la nature a des ressources ! Tel on voit un arbre battu par l'orage redevenir plus vert après la tempête, tel fut ce jeune soldat, qui pleurait à la première nuit passée au camp et qui chanta plus tard, robuste et vigoureux, sous les balles de l'ennemi.

———————————

Lith. Grandjean & Gascard, 12, r. du Jardinet, Paris.

N°. 7.

Berod, Edit^r. 38, r. du Bac.

CAMP DE CHÂLONS

CONTRE-ALLÉE.

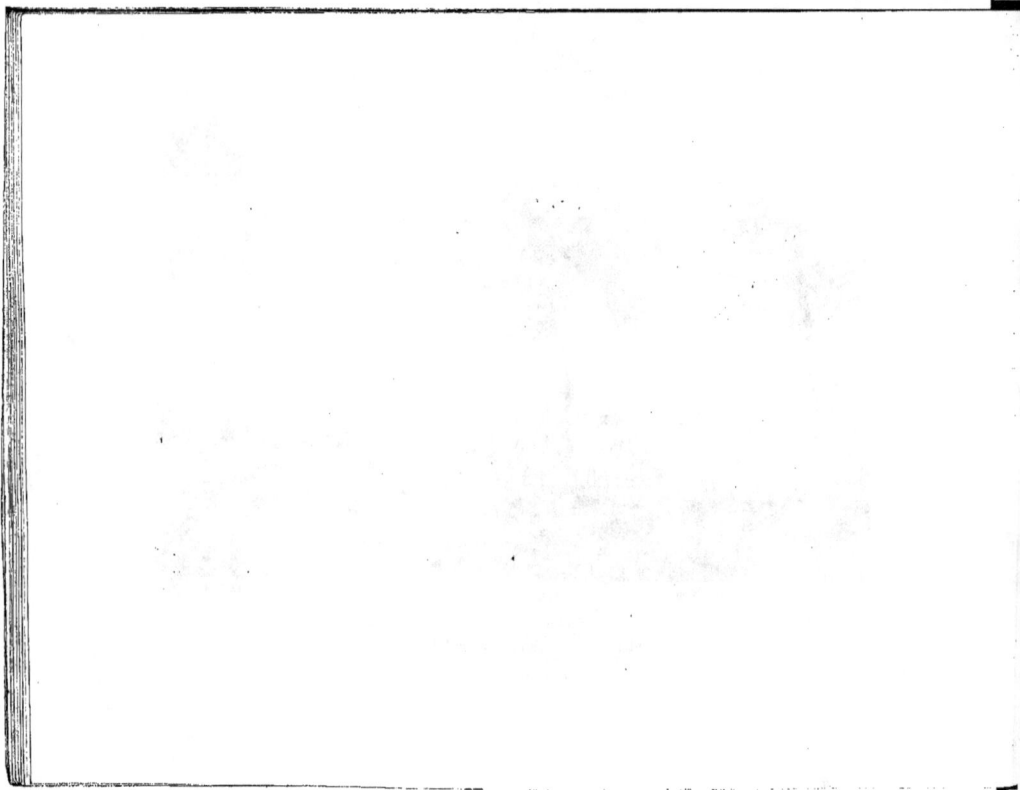

Pl. 8.

La première impression due à une installation fort peu confortable, une fois effacée, et cela fut l'affaire de quarante-huit heures, on se casa, on s'organisa, et bientôt le camp du 7ᵉ ressembla, à s'y tromper, au camp d'un bataillon de zouaves. En effet, on dit qu'il y a du zouave dans le moblot parisien. Je ne veux pas faire injure aux zouaves, mais je crois plus juste de dire que si ces deux corps se ressemblent, c'est parce qu'il y a beaucoup de Parisiens chez les zouaves. Il fallait un grand fond de gaîté et de fameuses ressources dans l'esprit et le caractère pour s'arranger commodément dans ce camp où l'on manquait de tout.

L'exercice offrait peu d'attraits, car nous n'avions pas encore de fusils et les promenades militaires avaient au moins l'avantage de nous préparer à la marche, en nous faisant connaître le pays que nous habitions. Le commandant avait un cheval appelé Porthas, qui semblait tout fier de marcher à notre tête, et ce bel animal se détachait d'une façon toute pittoresque sur le fond vert des plaines du camp. Il fallait bien la distraction de ces promenades pour nous faire oublier les tribulations de notre nouvelle vie. La paille était rare et mouillée; pourtant c'était notre seule couche. La cuisine se faisait en plein vent, et je vous assure que les parts n'étaient pas grosses. On se battait cependant pour les avoir. Quant au côté du service, il ne manquait pas que de laisser à désirer. Il y avait le chapitre des sergents-majors que je ne veux point passer sous silence.

———

N° 8

CAMP DE CHÁLONS

VUE PARTIELLE

Pl. 9.

Nous avions quitté le camp de Châlons le 18 Août à deux heures du soir; nous y laissions l'Empereur et sa dernière armée, cette armée qui devait finir si tristement à Sédan. Un fameux Conseil de guerre eut lieu au quartier général avant notre départ. Notre commandant y assista en simple spectateur; car malheureusement il n'avait pas voix délibérative au chapitre. Avec sa franchise habituelle il eut sans doute dit très-haut ce que les courtisans ne savaient que taire. Dans ce Conseil de guerre, on prévit le cas du siège de Paris et d'une retraite de l'armée sur cette capitale. Pourquoi ce plan ne fut-il pas adopté? *Homines cient, cideris fata sua habent.* Autre trait historique de ce Conseil! Ce fut dans cette réunion que le prince Napoléon proposa, pour gouverneur de Paris, celui qui devait succéder à l'Empire, comme pouvoir exécutif, le général Trochu. Quant aux mobiles, on n'en voulait à aucun prix; aussi les dirigeait-on sur Paris à grande vapeur! On était à se demander ce qu'on pourrait bien faire d'eux. On verra plus tard comme la garde mobile eût pu tirer d'embarras ceux qui la jugeaient si mal.

————————

Lith. Grandjean & Cascord, 12, r du Jardinet, Paris.   N° 9.   Berad. Edit", 38, r du B...

CAMP DE CHÂLONS.

QUARTIER IMPÉRIAL.

Pl. 10.

J'avoue que moi, couché comme eux sous la tente, j'ai trouvé plus d'une fois ce gîte insuffisant et humide.

Voyez-vous, d'ici, un homme du monde habitué à toutes les douceurs de la vie parisienne, obligé à se lever à quatre heures du matin pour surveiller les cuisiniers et assister aux distributions de pain, de viande et de légumes.

N° 10.

CAMP DE CHÂLONS.

TENTE D'OFFICIER SUPÉRIEUR.

Pl. 11.

Les tentes étaient bien organisées ; les unes avec une certaine recherche, les autres avec soin, mais plus modestement. Il y avait, dans une tente, une rangée de lit de fer avec des matelas et des oreillers sortis de terre comme par enchantement.

Les autres tentes n'étaient pas toutes aussi confortablement organisées, mais pourtant chacun s'était casé selon ses moyens et son caractère.

La rue de Saarbruck expliquée, citons encore : « La Langouste atmosphérique, — Le Retour de Paris, — la Tontine, — l'Hôtel de la Puce qui renifle, — les Gamins de Paris, — les Accoucheurs de madame la Gloire ! — l'Hôtel des Locaux mobiles, — l'Hôtel des Crève-la-Faim, salon des douze sous convals ! » Oserais-je citer : « La Smala des Barbes à poux, » où l'on logeait à la corde, en avertissant les locataires, « qu'une mise négligée était de rigueur ! » J'écris un livre de souvenirs militaires et je prie le lecteur de ne point s'effaroucher de certaines expressions un peu crues de la vie des camps. Il y avait encore : « Le Blaguing-club, — la Rigolade-street, — Côté des dames, côté des hommes. » On y lisait les inscriptions suivantes : « Réparations de pipes et d'honneur » — Un peu plus loin : « Ne sonnez pas ! la clé est dans le plomb. »

Toutes ces plaisanteries d'un goût plus ou moins athénien, égayaient nos mobl... et leur faisaient oublier les premières rigueurs du métier de soldat.

Lith. Grandjean & Gascard, 12, r du Jardinet, Paris.   N° 11   Bérod, Edit°, 38, rue de...

CAMP DE CHALONS.
INTÉRIEUR D'UNE TENTE.

Pl. 12.

On pouvait remarquer l'esprit de ces escouades improvisées, d'après les inscriptions tracées au charbon sur la toile des tentes. J'en ai recueilli quelques-unes que je veux relater ici, pour montrer que le Parisien est toujours un grand rieur. Il y avait : « Le petit Vatel » « La rue Saarbruck » ainsi nommée à la suite de cette fausse joie patriotique qui fut pour nous l'occasion d'une illumination non renouvelée depuis cette époque.

On était si sûr de vaincre, qu'on accueillait, sans le moindre doute, le bruit de ce premier succès bien vite compromis ! Je dois dire, pour être fidèle à la vérité historique, qu'il y avait, dans la joie de nos moblots, une pensée de retour vers Paris. Ils voyaient déjà nos soldats à Berlin; et ils se voyaient eux-même réinstallés au foyer domestique. Que voulez-vous ? on ne devient pas soldat en quinze jours.

————————

Nº 12

CAMP DE CHÂLONS.
LA PRISE DE SAARBRUCK, 2 AOÛT 1870.

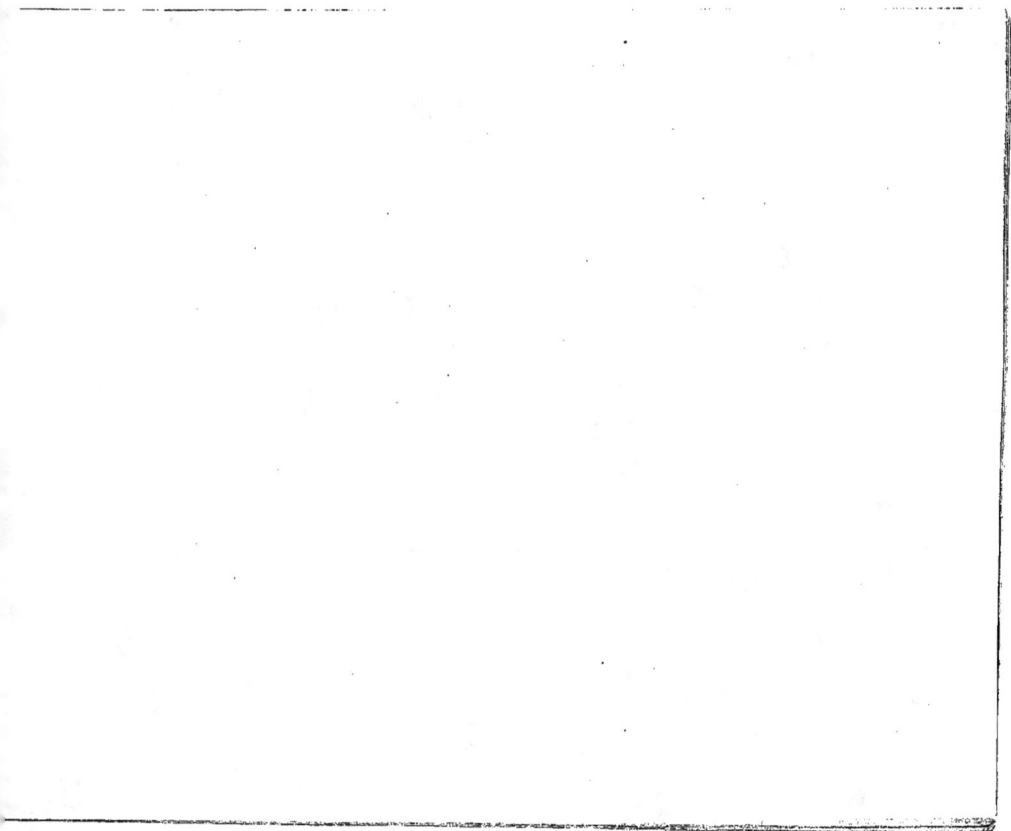

Pl. 13.

Ce n'est pas que les moblots fussent très-malheureux au fond à Châlons. Ils avaient encore bien des écus dans leurs escarcelles et ne se refusaient aucune distraction; pas même celle du théâtre. Il y avait en effet un spectacle au front de bandière près du quartier-général. J'y ai entendu de fort jolies chansons, des facéties très-drolatiques et même quelques romances classiques. Le moblot était le seul acteur de cette scène improvisée. Chaque soir on donnait une représentation fort-courue du public de l'endroit— Le Parisien sait s'amuser partout et se gaîté le suit en tout-lieu.

Lith. Grandjean & Gascard, 12, r. du Jardinet, Paris.

N° 13

Bérod, Edit.r, 38, rue du Bac.

CAMP DE CHÂLONS.
LE THÉÂTRE.

Pl. 14.

Vous le voyez, tout n'était pas rose dans le métier ; mais nous sommes loin de ce temps-là, et notre vie actuelle ne ressemble plus guère à celle de Châlons. Il nous en est resté quelque chose cependant ; c'est la facilité avec laquelle le 7e baladeur se disperse en dehors de son cantonnement. C'est ce qu'on appelle, en style moblot, se tirer les pieds. Aujourd'hui, l'on se tire les pieds vers Paris, comme alors vers le Grand-Mourmelon. Paris vaut mieux, au dire des moblots qui ont déjà oublié les plaisirs de ce petit village qu'ils appelaient assez drôlement l'Amour-Melon.

———————————

Lith. Grandjean & Coscard, 12,r du Jardinet, Paris.   N° 14   Barod, Edit.º 38, r du Bac.

MOURMELON

VUE GÉNÉRALE.

Pl. 15.

On s'amusait bien, pourtant, au Grand-Mourmelon, appelé ainsi par opposition au Petit-Mourmelon, autre village où se trouve la gare du chemin de fer. Jamais je n'ai vu plus grande réunion de militaires de toutes armes; le plus triste était de rencontrer ces soldats dépenaillés et démoralisés échappés à nos désastres. Ils n'encourageaient guère le patriotisme de nos mobilots, et plus d'une fois nous fûmes obligés de leur imposer silence.

Nº 15

MOURMELON.

L'EGLISE.

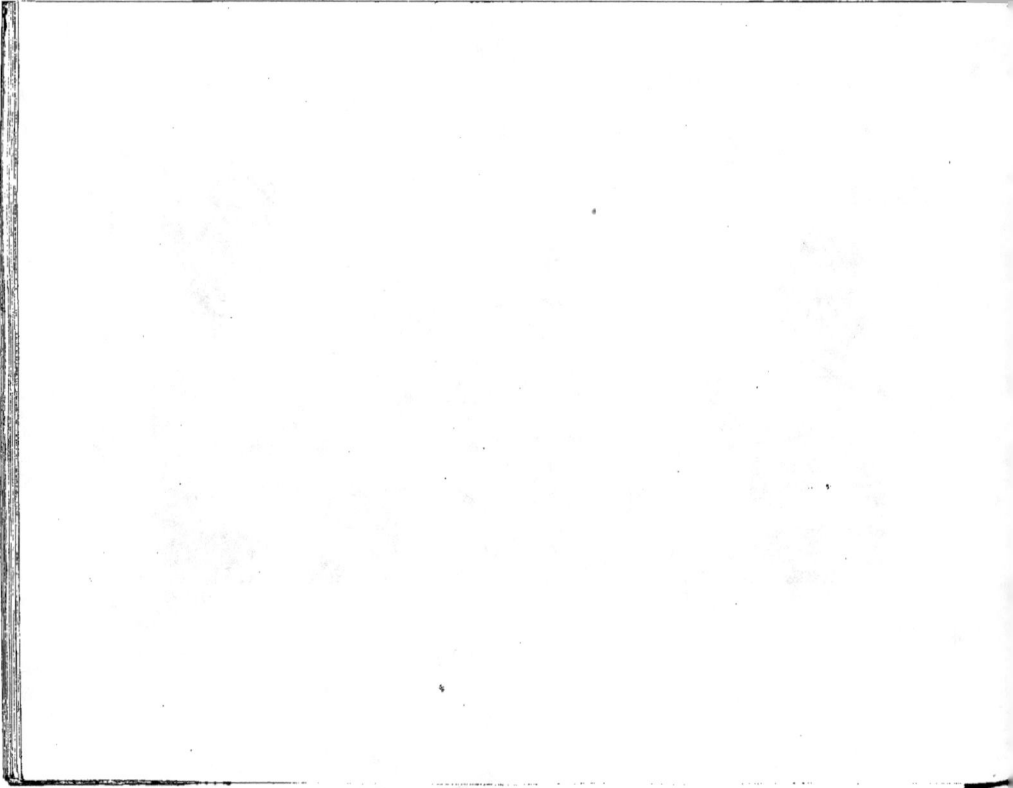

Pl. 16.

Quant aux moblots, ils employaient les heures laissées libres par l'exercice à faire des promenades au Mourmelon. C'était le rendez-vous général des touristes du camp. On y buvait ; on y dansait ; on s'y baignait, et surtout on y mangeait mieux qu'à la cantine. Étrange village ; prédestiné aux occupations militaires ! Car les Prussiens y vinrent à leur tour et il est probable (je le dis avec regret) que les houris de ce séjour plus ou moins enchanteur les auront accueillis avec autant d'empressement qu'elles en ont montré pour nos moblots. Tant pis pour les Prussiens.

Nº 16

MOURMELON.

INTÉRIEUR D'UN CAFÉ CONCERT.

Pl. 17.

On était très-éveillé, trop même, car une nuit, me trouvant de garde, je fus obligé d'intervenir pour ramener au logis une troupe de bonnets de coton armés jusqu'aux dents et qui avaient été éveillés par une fausse alerte. De mauvais plaisants d'autres bataillons, ivrognes attardés, avaient annoncé les Prussiens! Vous jugez d'ici l'alerte des moblots. Chacun sortait de sa tente avec son costume de nuit; c'était grotesque et rassurant à la fois, pour l'entrain de la jeune troupe. Il fallut pourtant les raisonner et leur dire que les Prussiens étaient bien loin. Les mystificateurs passèrent la nuit au poste. Ainsi finit cette mascarade qui égaya tout le camp.

Lith. Grandjean et Gascard, rue du Jardinet, 12, Paris.   Nº 17.   Bérod, Edit.^r 38, rue de Paris.

CAMP DE CHALONS,
VEILLE DU DÉPART POUR PARIS.

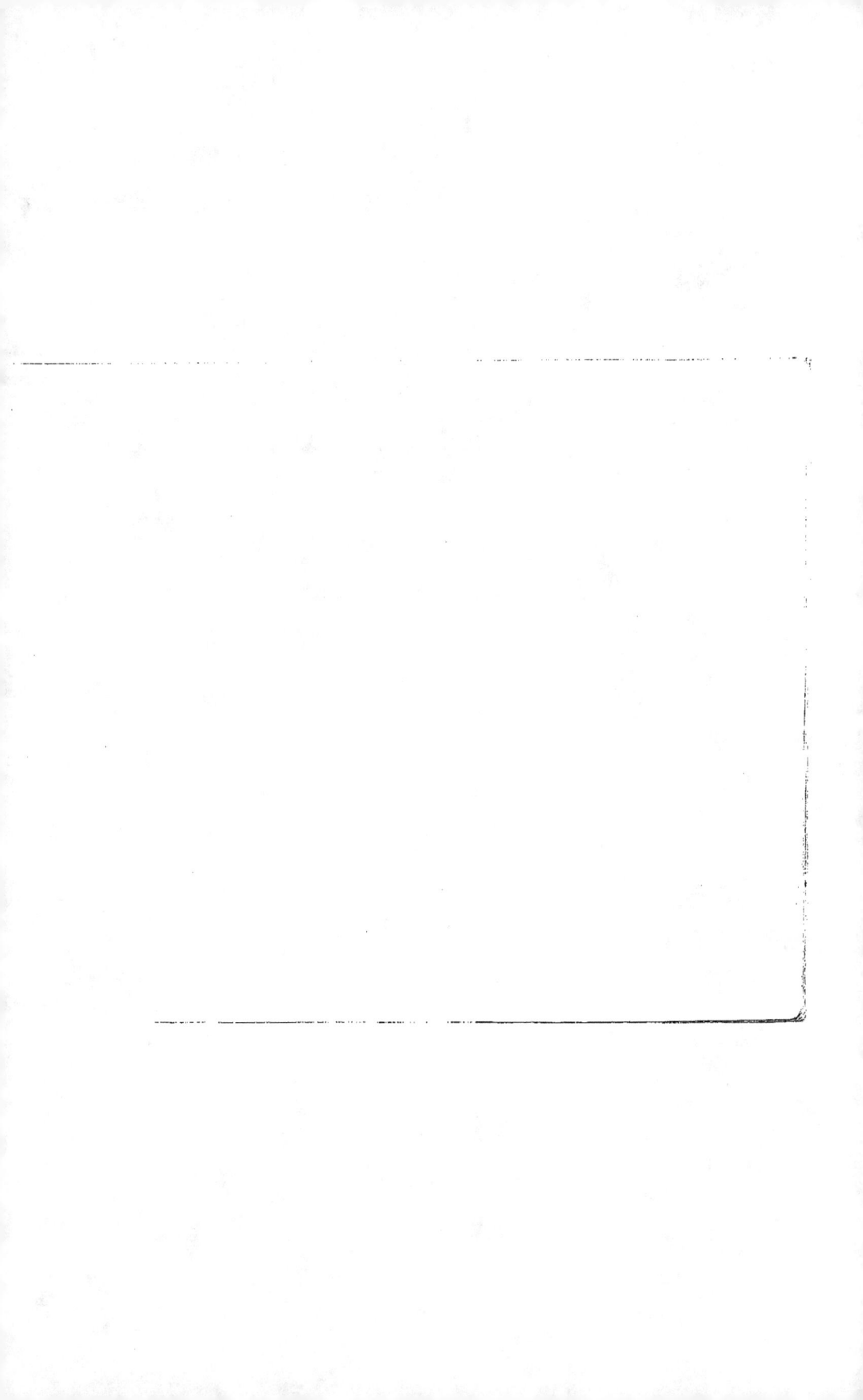

Pl. 18.

Mais en réalité, comme les Prussiens avançaient, on nous fit déloger lestement de Châlons, en un jour fort imprévu pour nous.

———————————————

N° 18

CAMP DE CHÂLONS
LE DÉPART

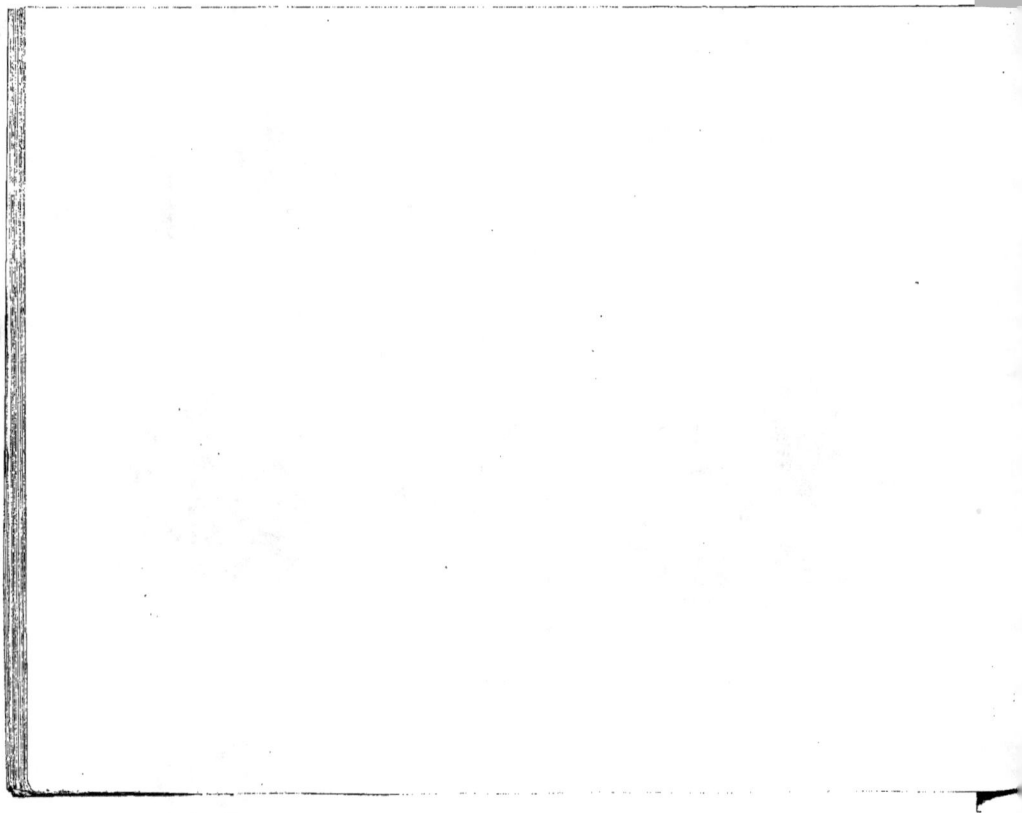

Pl. 19.

L'ordre fut donné de nuit, et le lendemain nos hommes faisaient, pour la première fois, une étape de dix lieues, l'étape du camp à Reims. — Je m'en souviendrai toujours. — Malgré une halte où fut servi un excellent dîner que découvrit notre commandant, les moblots trouvaient la course un peu longue, et quand ils arrivèrent à la gare de Reims, la plupart des hommes étaient à bout de force et de courage.

Nº 19.

ENTRE CHÂLONS & REIMS

LA HALTE.

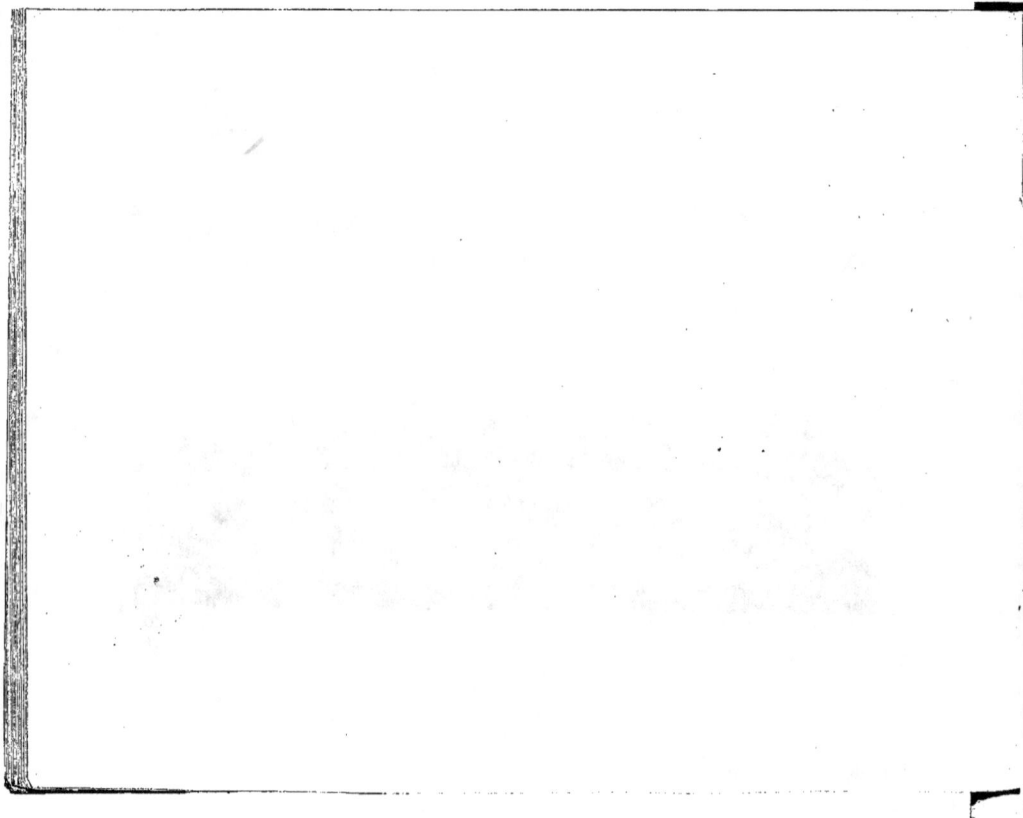

Pl. 20.

Le chemin de fer leur paraît une belle invention et s'il y avait eu quelques traînards sur la route, il n'y en eut plus à la gare.

Nº. 20.

REIMS,

VUE DE LA GARE.

Pl. 21.

On rentrait à Paris ! La vapeur ramenait au logis ces voyageurs qui avaient tous le mal du pays. Malgré les malheurs de la France, ils avaient, je rougis de le dire, une pointe de gaîté. Le clocher du grand village leur apparaissait à l'horizon et quand nous aperçûmes la gare de Nogent-sur-Marne, personne ne se fit prier pour rejoindre le camp de Saint-Maur, notre nouvelle destination.

———————

Lith. Grandjean et Gavcard, 19, r du Jardinet, Paris.   N° 21.   Bérod, Edit.r 38, rue du Bac.

REIMS,
INTÉRIEUR DE LA GARE.

Pl. 22.

L'arrivée à Saint-Maur fut assez joyeuse, le moblot revoyait, nous l'avons dit, le clocher du village. Pourtant le camp n'était guère préparé pour nous recevoir. Quelle boue et quel abandon! Nos parisiens retrouvaient un camp bien moins confortable que celui de Châlons. On aurait pu croire que près de Paris ce camp vaudrait mieux qu'un autre. Il n'en était rien. La seule installation que nous y eûmes fut due à l'industrie de nos moblots.

Après quelques jours de résidence, ils avaient suppléé à tout ce qui leur manquait. On avait dû compter sur leur esprit inventif. L'administration n'avait fait pour eux aucun frais. Ce fut toujours une des singulières destinées du 7ᵉ mobile que de s'être constamment trouvé en présence des plus grandes difficultés, et de les avoir toujours surmontées. Autre fait non moins singulier ou rare, c'est qu'après avoir vaincu toutes les difficultés, il lui a toujours fallu quitter au plus vite sa nouvelle installation.

Cet esprit créateur ne fut jamais ralenti par les obstacles, et la fortune ne s'est jamais lassée de le mettre à l'épreuve. Nous avons un aide-major aussi charmant que possible qui me disait un jour, à ce propos: « Quand je veux savoir si nous partons, j'organise mon ambulance, et le jour où l'organisation est complète, je suis sûr de recevoir l'ordre du départ. » Ainsi parlait le docteur Bourdon, et il disait vrai, si vrai, que nous avions fini tous par en faire la remarque, en plaisantant, chacun de notre côté.

A Saint-Maur l'installation ne fut jamais aussi bonne cependant qu'au camp de Châlons. Les officiers ne savaient où se loger. Quelques uns seulement avaient des tentes; les autres s'étaient réfugiés dans la redoute de la Gravelle, où les attendaient les persécutions du sous-officier, gardien du fort. Ce personnage, dont il était difficile d'apprécier le grade, car on le voyait jamais qu'en bourgeois, pour ne pas dire en pékin, ne se souciait guère de la redoute, puisqu'il ne s'y trouvait pas, quand nous nous y installâmes, mais son zèle se réveilla le jour où il pensa qu'il pouvait être désagréable à quelqu'un. Il ne tarda pas à nous fermer toutes les portes et à nous enlever les quelques matelas qui nous servaient de lit; Il ne sut même pas accomplir cette petite persécution, avec cette politesse qui fait pardonner bien des choses. On eût dit qu'il se complaisait à être insolent envers des supérieurs d'un autre corps que le sien. C'est bien là cet esprit de jalousie qui a toujours gâté l'armée française.

Lith. Grandjean & Gascard, 12, r. du Jardinet, Paris.

N° 22

Hérod, Édit', 36, r. du Roc

CAMP DE S^T MAUR.

VUE GÉNÉRALE.

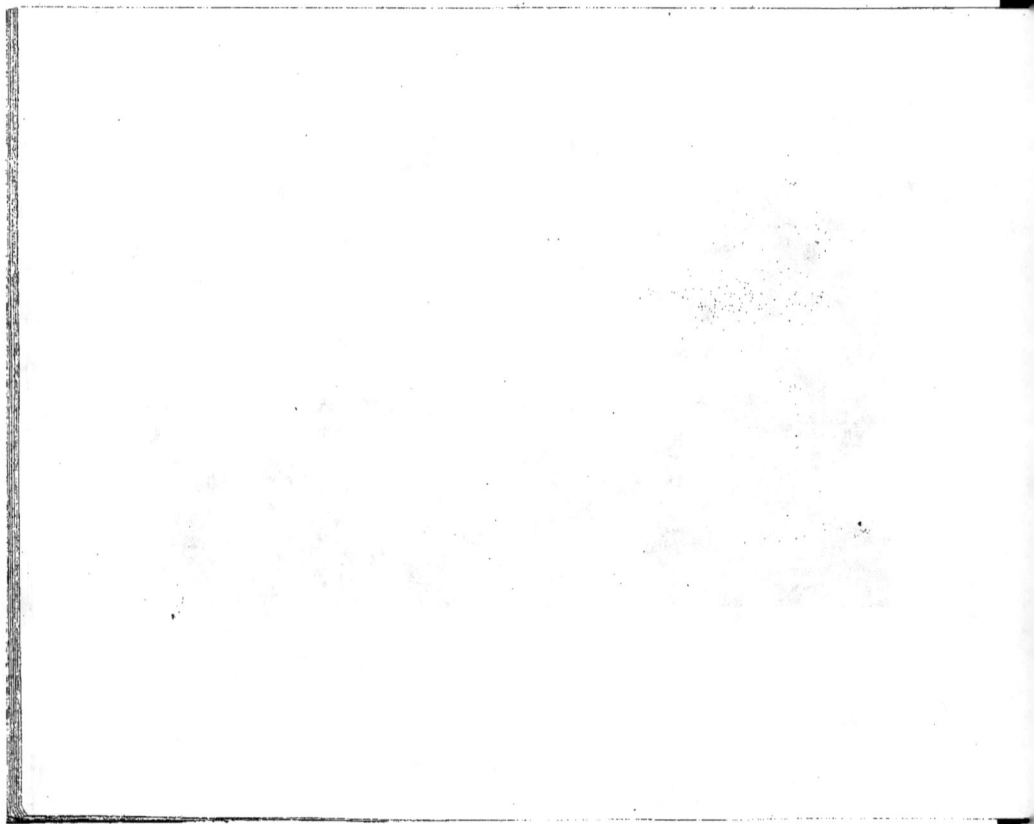

Pl. 23.

Le 4 Septembre, la République venait d'être proclamée, et nos soldats pouvaient se croire affranchis du joug de la discipline. Il n'en fut rien. Rompus à la vie militaire, habitués à leurs chefs, ils restèrent ce qu'ils avaient été jusque-là, des soldats inexpérimentés mais animés d'un excellent esprit. On doit reconnaître que c'est une grande chose que la vie militaire, quand on peut voir plus de 10,000 jeunes gens de Paris, réunis dans un camp voisin de la capitale, accueillir, sans un acte de rebellion, la proclamation de la République. Nos mobilots, même ceux de Belleville et des faubourgs, ne se rendirent coupables d'aucun acte d'indiscipline et restèrent sourds aux nombreuses et maladroites excitations qui leur venaient du dehors. Le général Trochu, qui les passa tous en revue, fut frappé de leur bonne attitude et dut concevoir un grand espoir pour le salut de la patrie. La République française fut accueillie avec calme et sans désordre; il est vrai que cette nouvelle République fut tout d'abord sage et libérale. Tous les bons Français se sentirent à l'aise sous un drapeau où on lisait ces mots patriotiques: « Gouvernement de la défense nationale. »

Lith Grandjean & Cascard, 12, r. du Jardinet, Paris

Nº 23.

Bérod, Édit^r, 38, rue du Bac.

CAMP DE S^T MAUR.

REVUE DU GÉNÉRAL TROCHU.

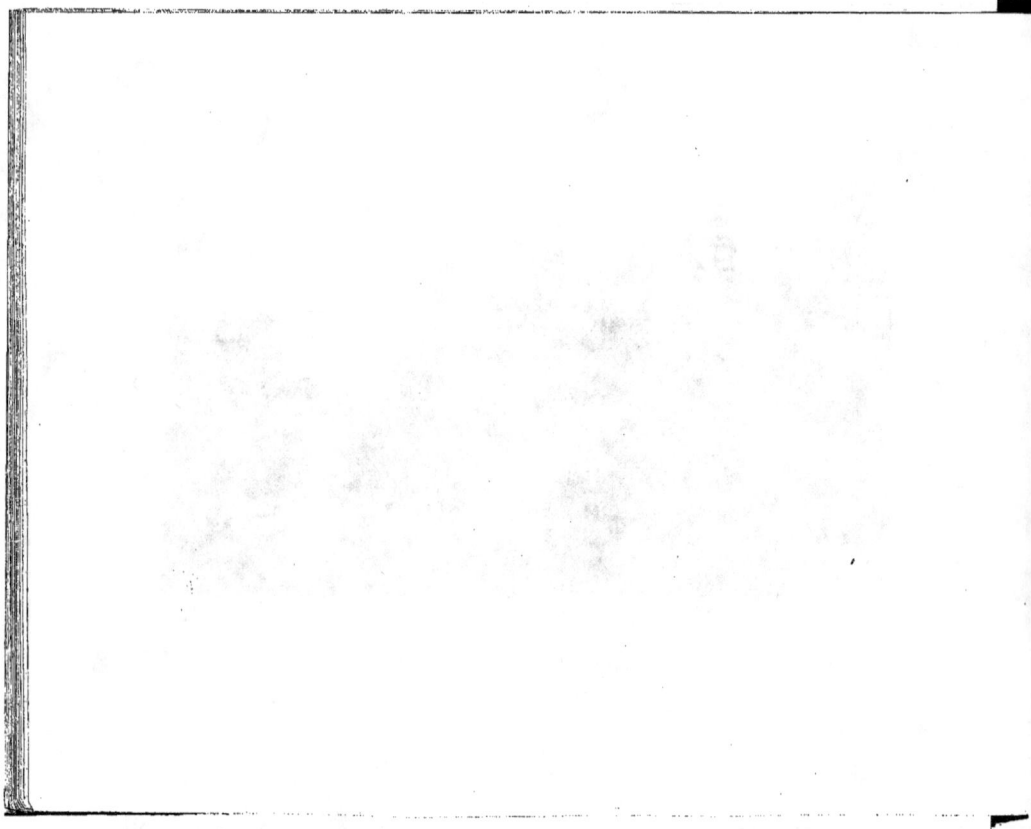

Pl. 24.

Les moblots munis de chassepots n'étaient plus reconnaissables. On voyait qu'ils avaient confiance dans l'arme nouvelle et qu'ils n'attendaient qu'une occasion de s'en servir. Pour commencer on les envoya à la cible, après qu'on eût pu obtenir des cartouches, ce qui ne fut pas sans difficulté. Le premier tir, très remarquable, fut, je regrette de le dire, le premier et le dernier de notre séjour à Saint-Maur. C'était une fâcheuse lacune dans l'éducation militaire de ces jeunes gens qui ne demandaient qu'à apprendre. S'il n'y avait eu encore que cette faute de commise.

N.º 24

CAMP DE Sᵗ MAUR.

VUE DU TIR.

Pl. 25.

Enfin notre vie se passait, tant bien que mal, entre l'exercice, les promenades militaires et la vie du camp. Cette dernière se partageait entre les appels sur le front de bandière, les distributions de vivres et les différentes sonneries de la journée. Les promenades militaires avaient lieu, tous les matins, sous les ordres de notre cher commandant. Le magnifique Porthos marchait plus que jamais fièrement à notre côté et semblait trouver ces excursions matinales tout aussi de son goût que celles du camp de Châlons.

———————

Lith. Grandjean & Gascard, 12, r. du Jardinet, Paris.

Nᵒ 25

Berod, Edit.ʳ, 38, r.

JOINVILLE - LE PONT.

VUE GÉNÉRALE.

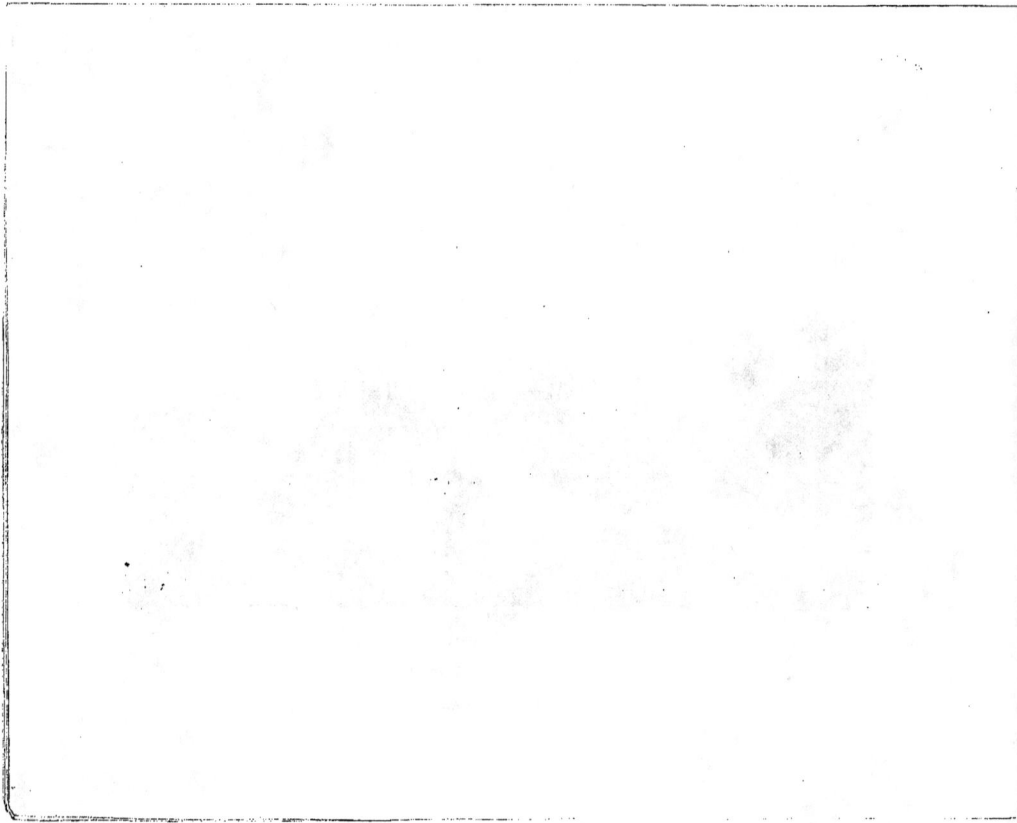

Pl. 26.

Nos moblots, ceux qui restaient sous les tentes de Saint—Maur, avaient une grande ressource dans les distractions de Joinville-le-Pont. Cette petite ville, coquettement assise sur les bords de la Marne, était bien déserte depuis la guerre, et l'on ne rencontrait plus que des soldats ou des gardes mobiles dans ses rues. Mais si l'habitant avait disparu, le militaire y venait volontiers tous les jours.

———————————————

N° 26

JOINVILLE-LE-PONT,

PLACE DU CHEMIN DE FER

Pl. 27.

Entre les appels, nos moblots y allaient prendre le café ou chercher des provisions de bouche. Le soir, ils y trouvaient les plaisirs du café-concert et du théâtre. Ce n'était pas tout à fait la Comédie-Française ; mais à la guerre on n'est pas difficile, et il fallait voir avec quel enthousiasme on accueillait les quelques maritornes qui posaient en artistes sur les planches mal jointes de ces salles de spectacle improvisées.

Ces déesses au teint couperosé, aux allures masculines, avaient une foule d'adorateurs qui ne s'en tenaient pas à l'amour platonique. J'avoue que je n'ai jamais compris ce culte du guerrier pour le rebut de la plus belle moitié du genre humain.

N° 77.

JOINVILLE - LE - PONT

LES BORDS DE LA MARNE

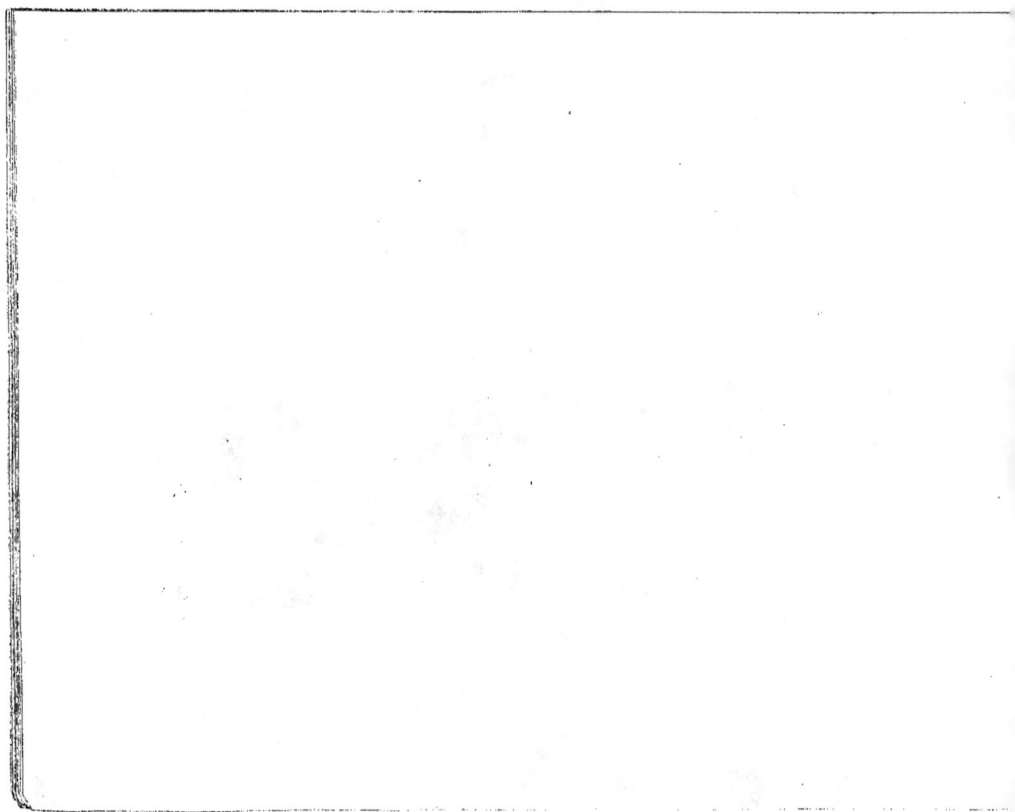

Pl. 28.

On parla alors de départ et l'on prépara la longue file des voitures qui devaient emporter nos tentes. Je n'ai jamais compris pourquoi l'intendance nous faisait transporter des tentes qu'elle devait nous reprendre plus tard. Mais il y a des mystères qu'il ne faut pas sonder. Toujours est-il que le 7ᵉ défila suivi de quelque chose comme vingt-cinq à trente voitures. Combien fut différent le retour à Saint-Maur, dont nous parlerons plus tard et qui s'effectua avec trois ou quatre voitures seulement! Mais n'anticipons pas sur les événements. L'on partit pour un fort qui n'existait que sur la carte, et qu'on nommait, en théorie, le fort de Châtillon; pour ne pas dire de Clamart. Quel ne fut pas l'embarras du commandant pour trouver ce fort, que la bataille de Châtillon devait rendre célèbre quelques jours plus tard. Notre long convoi traversa ce Paris que les moblots regardaient d'un œil tendre, et se dirigea lentement vers Clamart, pour s'arrêter à un gracieux village nommé la Tour de Crouy, situé au-dessus de Châtillon. C'est là que commence véritablement l'histoire du 7ᵉ, car c'est là qu'il fit ses premières armes, comme nous le verrons dans le chapitre suivant.

LEVÉE DU CAMP DE S^T MAUR.

10 7BRE 1870.

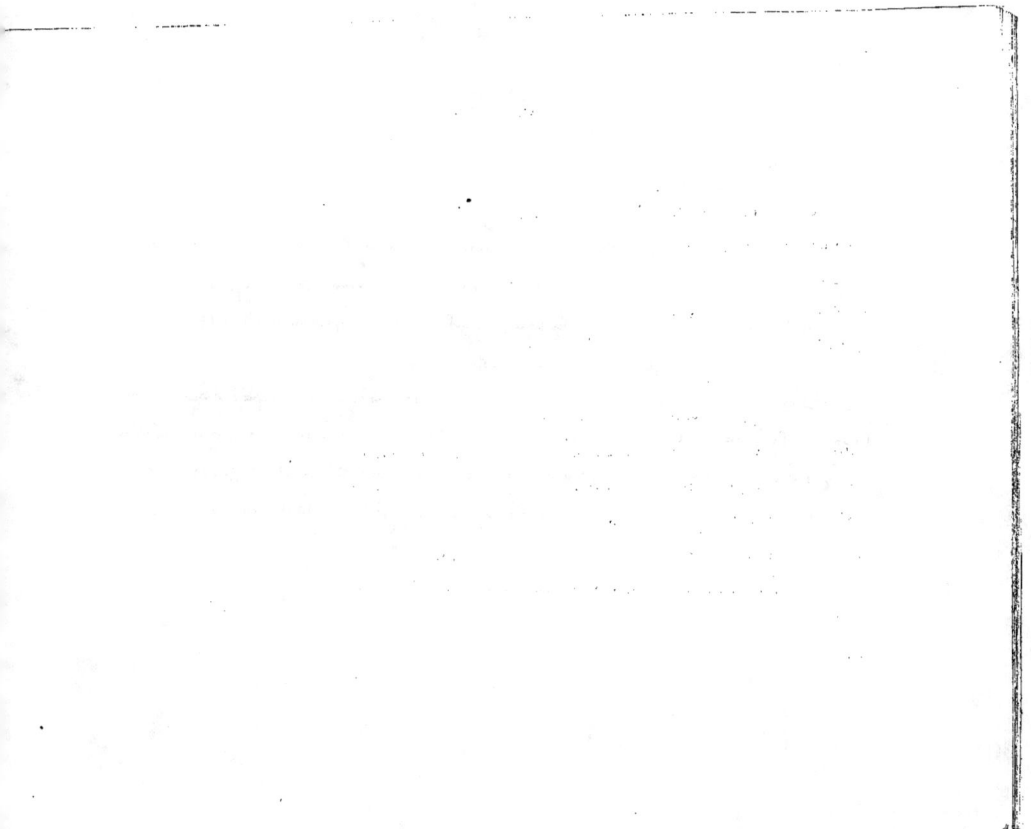

Pl. 29.

Des ouvriers civils, embauchés par le génie militaire, faisaient sortir de terre ce fort qui existait depuis longtemps sur la carte. Hélas! il ne fut pas prêt pour recevoir les Prussiens! C'est toujours la même histoire, dans le même pays! Ces lourds Allemands nous ont montré qu'on pouvait être plus leste que nous.

Les compagnies du 7e étaient logées dans de jolies maisons de campagne qui bordaient la rue de la Tour de Crouy. Ce village abandonné sembla réveillé par notre présence. On y vit des marchands de vin, des cantines, etc., une foule d'habitants qui se rapatriaient; et les moblots foisonnaient chez eux, achetant des provisions de toute nature.

———————————

CHÂTILLON.

VUE GÉNÉRALE DU PLATEAU

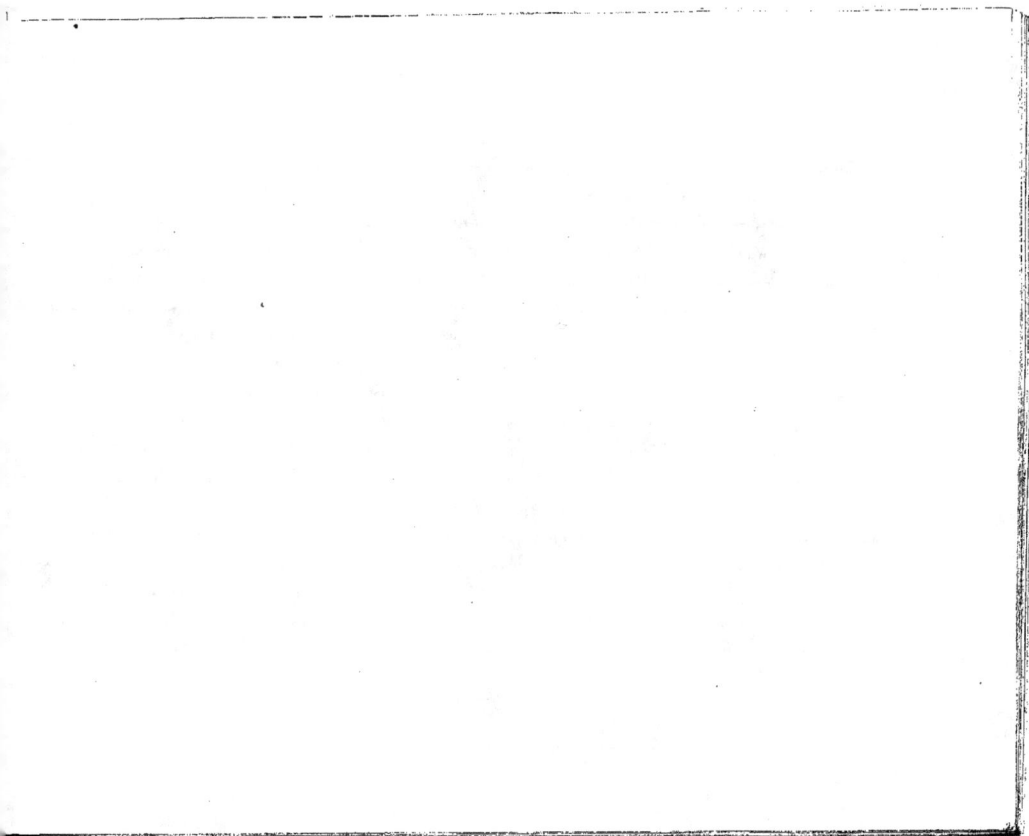

Pl. 30.

Faut-il l'avouer, cette position exceptionnelle de Clamart-Châtillon qui devait être plus tard, pour Paris, un épouvantail, entre les mains de l'ennemi, n'était gardée que par le 7ᵉ bataillon. Il est vrai qu'il gardait bien. Le lendemain de notre arrivée, le commandant qui veillait toujours, avait organisé des grand'gardes et des postes avancés. En voilà un soldat qui fait la vraie guerre! Grâce à lui, nous n'avons jamais été surpris, jamais été en défaut. Nous avions trois grand'gardes: l'une au Moulin de la Galette, sorte de pigeonnier flanqué d'une échoppe de marchand de vin, où il fallait, officiers et soldats, passer la nuit à veiller. Cela nous semblait dur, et pourtant c'était bien nécessaire. L'autre grand'garde n'était pas plus confortable; elle avait pour corps-de-garde une maison rouge à peine terminée, dont le rez-de-chaussée contenait aussi un marchand de vin. Ces commerçants sont les derniers à se retirer devant l'ennemi, parce que leurs soins sont toujours utiles. Il n'y a que la peur qui les éloigne et l'intérêt les retient jusqu'à ce que la peur l'emporte sur l'intérêt. La Maison rouge avait un poste avancé, où je me souviens qu'on avait mis en dépôt des tonneaux de pétrole destiné à l'incendie des bois de Clamart et de Meudon. Nous avions à garder ces terribles engins qui n'ont guère servi, car ces bois séculaires, aussi patriotes que nous, n'ont jamais voulu prendre feu ni déserter le sol natal qu'ils avaient si longtemps embelli de leurs ombrages. Grande leçon pour les hommes! La nature se révoltait contre l'invasion. C'était un prélude! L'homme de Paris imita ensuite la nature. Il fit comme elle et fit bien. Le troisième poste était placé sur le haut des coteaux de Clamart. Il fut supprimé, car il ne défendait rien et fatiguait les hommes. Ces grand'gardes furent une bonne école pour nos moblots; c'était un commencement d'éducation militaire que nous devons encore au commandant de Vernou.

Lith. Grandjean & Gascard, 12, r du Jardinet, Paris,

Nº 30

Berod, Edit.ʳ, 36, r. du ...

ROBINSON.

CHÂLET DES + CHEMINS (GRAND·GARDE)

Pl. 31.

Châtillon fut, pour nous mobiles, un séjour de délices, à côté de Châlons et de Saint-Maur. La saison n'était pas rigoureuse encore; c'était septembre qui éclairait ces riches coteaux de ses lueurs poétiques. Rien ne manquait. On en était aux premiers jours du siège. Le mobile avait tout en abondance; et le beau sexe, essentiellement nomade et voyageur, venait ajouter les charmes de sa présence à ceux de la belle nature qu'il nous était donné de contempler.

Quel délicieux séjour que Châtillon à l'automne! Comme les vallons de Fontenay et de Châtenay sont embaumés de mille parfums! Quel paradis et dans quel moment l'avons-nous connu! Nous foulions du pied ces plates-bandes de roses et de violettes qui auraient fait l'ornement d'un square de la capitale. Nous parcourions, on les regardait à peine, ces jardins enchanteurs qui font de ce pays un véritable Éden et notre unique pensée était d'y chercher quelques légumes pour notre nourriture ou quelques morceaux de bois pour notre chauffage. Comme la guerre rend indifférent pour tout ce qui ne trouve pas place dans son grand cadre!

Nº 31

BOIS DE CLAMART

GRAND' GARDE.

Pl. 32.

Quoi qu'il en soit, à trois heures du matin le 19 Septembre, on rassembla les hommes du 7e mobile et on les fit défiler en silence à travers bois, jusque sur le plateau de Châtillon où ils devaient prendre leur place de bataille. Ce fut en effet, ce qu'on pourrait appeler la première journée de Châtillon, car celui-ci a été célèbre par plus d'un combat. Le général Ducrot, commandant en chef, avait réuni autour de nous une trentaine de mille hommes dispersés: la droite ou bois de Clamart, le centre devant la redoute et la gauche derrière les bois du Plessis-Piquet. La droite et la gauche se composaient de mobiles et d'infanterie de Ligne. Au centre, il y avait une nombreuse artillerie derrière laquelle était massée une division de cavalerie de réserve. Le plateau de Châtillon est si connu que je n'en fais pas la description cependant je dirai pour plus de clarté que la redoute avait à sa droite Clamart et Meudon; en face d'elle, la vallée de la Bièvre, le Petit Bièvre et la route de Choisy à Versailles; à sa gauche les bois de Verrières, du Plessis-Piquet, la maison Hachette, la vallée de Sceaux et de Châtenay, enfin une partie de la route dont nous venons de parler.

Je crois qu'à l'origine, la mobile et les Zouaves devaient agir dans les bois de Clamart, l'artillerie sur le plateau, et la ligne tout à fait sur la gauche, au Plessis-Piquet. Bientôt ce mouvement se modifia et nous marchâmes par divisions, sur plusieurs lignes de profondeur, jusqu'à la route qui conduit à Meudon par les bois de Val-Fleury. Là il y eut un temps d'arrêt. Un retard causé par les Zouaves qui se faisaient attendre. On envoya la 5e Compagnie du 7e à leur rencontre et cette compagnie se déploya en tirailleurs, sur la route qu'ils devaient prendre. Ils arrivèrent enfin, je les vis défiler; mais quelle déception! Leur procession peu militaire annonçait déjà ce que serait leur départ du champ de bataille. Quelle débandade! Je n'ai jamais rien vu de pareil. Heureusement pour la 5e compagnie que quand ce singulier défilé fut terminé, ne trouvant plus de position convenable pour elle, placée qu'elle était entre une ligne de Zouaves devant elle et une ligne d'infanterie derrière elle, je la reconduisis auprès de son bataillon où était sa vraie place de bataille. Sans cette précaution, la pauvre 5e eût été entraînée pour être dans la déroute des Zouaves qui fut la cause principale du mouvement de retraite par lequel se termina cette journée. Lorsque nous eûmes rejoint le bataillon, nous nous aperçûmes que la 1re compagnie, celle du Capitaine Denis de Rivoire, avait été déployée en tirailleurs, en avant de la ligne de bataille, ou qu'elle avait délogé d'une briqueterie située sur la route du Petit-Bièvre, les tirailleurs ennemis. L'attitude de cette compagnie fut très bonne et fit honneur à celui qui la commandait. Une fois la briqueterie évacuée par l'ennemi, le commandant, que je vois d'ici à cheval sur Porthos, s'avança résolument en avant des lignes et, armé seulement de sa lorgnette, plaça lui-même et fit pointer sous ses yeux, la première pièce d'une batterie d'artillerie qui nous accompagnait. Elle dirigea contre les masses prussiennes cachées dans les bois de la vallée de la Bièvre, un feu si meurtrier, qu'on a attribué à ce premier tir si heureux, tout l'avantage que notre artillerie obtint alors sur l'artillerie prussienne. Ce fait est très intéressant à relater; car ce premier combat de Châtillon n'a été véritablement qu'un combat d'artillerie auquel nous avons assisté l'arme au bras ou sous une grêle de boulets ou de balles. Ce n'était pourtant pas fort agréable pour des conscrits, que de rester plus de deux heures exposés, sans défense, au feu de l'ennemi! Il a en montré sous cette journée le courage le plus difficile à la guerre, celui qui consiste à attendre froidement la mort, pour ne pas abandonner un poste où l'on doit rester sans combattre. Bien des soldats aguerris n'ont pas ce courage.

Aussi le général Ducrot leur a-t-il dit, en passant près d'eux à la fin de la journée « Messieurs, je vous félicite de votre bonne attitude! »

COMBAT DE CHATILLON,
19 7bre 1870.

Pl. 33.

En résumé, ce premier combat de Châtillon a causé de réels dommages à l'armée prussienne que nous avons surprise en marche sur Versailles, mais il n'a point donné le résultat qu'on en devait attendre, la retraite de l'ennemi.

Au contraire, notre aile droite ayant faibli, la gauche se défendant mollement, nous craignîmes de sacrifier notre artillerie et nous battîmes en retraite, sans même pouvoir conserver cette redoute de Clamart, qui était la clé de l'importante position de Châtillon, qu'il fallait à tout prix disputer aux Prussiens. Plus tard, nous avons fait de vains efforts pour la reprendre. Il eût été bien plus simple de la conserver. Mais il fallait alors la défendre, non pas avec 30 ou 40,000 hommes, mais avec 60 ou 80,000. Il fallait forcer l'ennemi à chercher une autre route pour aller à Versailles et grâce à l'importante position de la maison Hachette, on eût singulièrement élargi de ce côté la ligne d'investissement.

Vers onze heures la retraite commença, et nous descendîmes en bon ordre vers Châtillon. Le bataillon eut le temps de prendre sa part d'une distribution de biscuits, et se dirigea vers les Invalides, à Paris, lieu de rendez-vous qui lui avait été assigné. Coupé plusieurs fois par l'infanterie, la cavalerie et les ambulances, le bataillon ne parvint pas tout entier jusqu'aux portes de la capitale : une division était restée en route ; je l'ai rencontrée. J'y trouvai Cambourg et mon lieutenant Chalamel, deux braves qui voulaient, avec leurs hommes, retourner au feu ; j'avais le même désir. Un général nous renvoya vers Paris, en nous disant que la retraite était un mouvement prévu d'avance.

N° 33.

CHÂTILLON.

RETRAITE SUR PARIS.

Comme on était tranquille aux Invalides ! il semblait à nous voir que le siège de Paris fut levé et la guerre finie. Nos moblots passaient de grasses matinées dans leurs familles. On en était encore au beau temps des gigots de mouton et des poulets. Quels déjeuners on faisait dans les cafés du quartier en allant à l'appel du matin aux Invalides ! J'ai tort de dire les Invalides, car en réalité notre quartier nouveau et temporaire était situé boulevard de Latour-Maubourg et n'était qu'une annexe des Invalides, reste des constructions élevées à l'époque de la grande exposition. C'est là que le 20 et le 21 nous réunîmes nos hommes, casernés provisoirement dans leurs familles. Ils ne se sont pas plaints de cette caserne-là. Le 20 fut un jour sérieux. On vota. Les moblots redevinrent citoyens, mais citoyens-soldats. Ce fut une bonne journée pour les chefs presque tous réélus, mais une mauvaise journée pour la discipline qui en souffrit beaucoup.

N° 34.

CASERNE DE LA TOUR MAUBOURG

VUE DE LA COUR.

Pl. 35.

Je passe sous silence les sous-officiers et les soldats, car je n'en finirais pas et mon intention est de reprendre le cours de l'histoire du 7e mobile.

Je l'ai laissé aux Invalides : là n'était pas sa place ; le général Ducrot, qui l'avait remarqué au feu à Châtillon l'appela dans son armée, et le 21 nous partîmes pour la Porte-Maillot, auprès de notre nouveau général en chef. On nous logea rue Montrosier, dans des maisons où nous étions trop bien pour des soldats, et où nous sommes restés trop longtemps pour notre entente cordiale avec les habitants du lieu, peu habitués sans doute à loger des troupiers.

N° 35

PARIS.
DÉPART POUR NEUILLY S/S.

Pl. 36.

Il n'y avait pas que le personnel de Neuilly qui fût changé, le pays tout entier était transformé. Le bois de Boulogne avait en partie disparu ; la fameuse fabrique de savon qu'on reconnaissait à cinq cents pas, aux parfums que l'air apportait, n'existait plus. La villa du bois et toutes les maisons étaient démolies. Paris, le beau Paris était devenu place de guerre ; les habitants, les pacifiques gardes nationaux étaient eux-mêmes transformés en soldats de remparts ; c'était un spectacle curieux pour des gens qui arrivaient de Châlons et de Saint-Maur. Notre installation dans les maisons, assez confortable pour nous donner du repos, nous laissait aussi des loisirs, car la vie des camps était remplacée pour nous par la vie plus douce de la garnison. J'ai toujours considéré comme une faute cette habitation des maisons par une jeune troupe qui n'était pas suffisamment rompue à la discipline militaire. Si vous joignez à cela la proximité de Paris, qui obligeait presque les chefs à donner des permissions de vingt-quatre heures qui n'empêchaient pas les absences irrégulières, vous jugerez du mal que nous faisait ce campement par trop citadin. Nous eûmes donc alors quelques loisirs. Les hommes ne s'en plaignaient pas ; aussi je leur ai plus d'une fois depuis entendu dire qu'ils regrettaient Neuilly. Quelques officiers, les plus jeunes surtout, étaient assez de cet avis. Qui nous eût vus alors ne se serait jamais douté que nous défendions une ville assiégée. Neuilly avait même changé de physionomie depuis notre arrivée. Les boutiques se rouvraient ; les petits commerçants revenaient ; on y coiffait, on s'y baignait. Les voitures circulaient dans la grande avenue comme dans les Champs-Élysées. Puis, quelle procession de parents, d'amis, de visiteurs et de visiteuses ! Les familles des moblots arrivaient en bandes ! Je ne sais si tout ce personnel avait un état civil bien régulier, mais je dois dire qu'il y avait là de bien jolies femmes !

Lith. Grandjean & Gascard, 12, r. du Jardinet, Paris   N.º 36.   Hérod, Edit.ͬ, 38, rue du Bac, 6

NEUILLY S/ SEINE.

VUE PRISE DE LA PORTE MAILLOT.

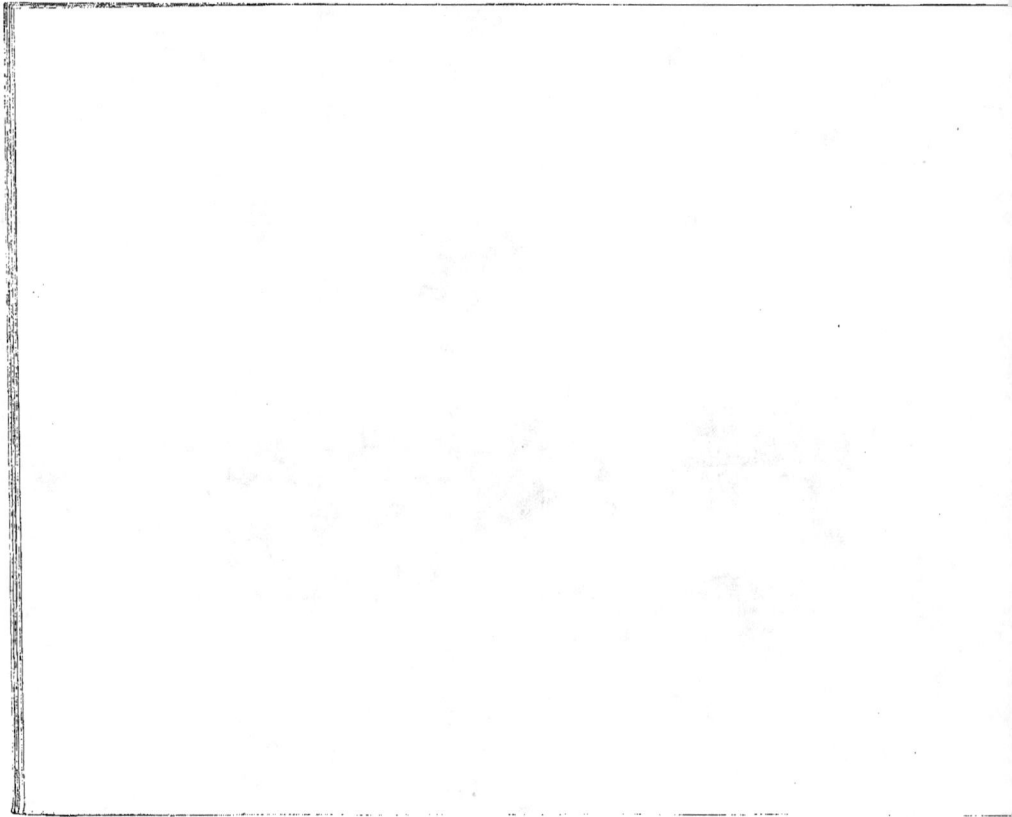

Pl. 37.

Parlons de ce que faisaient les moblots à Neuilly. Ils avaient quitté la rue Montrosier pour aller habiter avenue Sainte-Foye et rue du Château. Le bataillon était divisé en trois détachements, chaque chef de détachement avait les pouvoirs du commandant. C'était une bonne pensée de notre chef de bataillon; il habituait les capitaines au commandement. Notre travail quotidien consistait pour le moment à construire ces inutiles barricades que l'on vit si longtemps dans cette charmante ville de Neuilly et qui étaient destinées à la défendre contre une attaque de l'ennemi. Je n'ai jamais compris l'utilité de ces travaux, qui ne servirent qu'à exercer un peu nos hommes à la fatigue. Il y eut alors un véritable luxe de barricades à chaque avenue et à chaque rue. Ces travaux, mal compris, n'ont jamais servi qu'à embarrasser la marche des batteries d'artillerie dans nos différentes sorties! Voilà comment on faisait de la science militaire à l'époque du siège de Paris! On se barricadait à l'intérieur et on négligeait l'attaque des travaux extérieurs de l'ennemi. Toujours la routine ou la vieille école! Ce n'est que plus tard, quand l'ennemi s'est rapproché de nous, qu'on a compris combien alors il était loin, et combien il eût été facile de l'éloigner encore plus.

Lith. Grandjean & Castard, 12, r du Jardinet, Paris.

N° 37.

Bérod, Édit'., 38, rue du Bac

NEUILLY - S/S.

RUE DU CHÂTEAU.

Pl. 38.

Le capitaine Raoul allait être menacé d'une grand'-garde dans l'île de Puteaux; ce qui lui eût rappelé celle de la Grande-Jatte; mais des projets de départ le firent échapper à cet ennui. Cette grand'garde n'avait en effet rien d'agréable. Il n'y avait aucun combat à espérer et on n'y pouvait gagner que des rhumatismes. Cependant on faisait bien de se précautionner contre toute surprise de l'ennemi.

N.º 38

NEUILLY Sʳ-SEINE.
ILE DE ROSTCHILD.

Pl. 39.

Après les grand'gardes de nuit, nous avions les expéditions de jour : ce qu'on appelait aller en fourrageurs, aux pommes de terre. C'était un moyen employé pour utiliser les troupes, en augmentant les vivres de Paris. Nous étions les pourvoyeurs de la grande ville.

La promenade dîte des pommes de terre se faisait donc journellement en partie avec des voitures de réquisition et l'on se déployait en tirailleurs dans la partie de la presqu'île de Genevilliers, située entre Nanterre, le Mont-Valérien, le Pont de Bezons et le chemin de fer. Les moblots aimaient assez cette corvée de légumes, qui n'était pour eux qu'un prétexte pour aller à l'école de tirailleurs devant l'ennemi. Ce sentiment, naturel chez des troupes jeunes et peu disciplinées, aurait dû être encouragé par des sorties continuelles qui eussent singulièrement fatigué l'ennemi. Nous ne demandions qu'à marcher tous les jours, et l'oisiveté du cantonnement nous semblait plus dure que les fatigues des marches et des combats.

Le pont de Bezons était ordinairement le but vers lequel tendaient nos moblots tirailleurs ; pendant que leurs camarades piochaient les pommes de terre, ils se glissaient comme des serpents de l'autre côté du chemin de fer de Saint-Germain, à travers les herbes et les choux. On n'avait pas besoin de leur recommander la position du tireur couché. Je les ai vus souvent engager de la sorte un feu de tirailleurs avec les Prussiens, sans perdre un seul des leurs. L'ennemi n'en pouvait pas dire autant :

Lith Grandjean & Cascard, 12, r. du Jardinet, Paris.   N° 39.   Bérod, Edit.", 38, rue du Bac.

NANTERRE

CORVÉE AUX LÉGUMES.

Pl. 40.

À Neuilly, nous faisions chaque jour l'école de bataillon dans le bois de Boulogne. Il fallait voir le Commandant monté sur Porthos. Il était superbe au milieu de ce beau cadre du parc de Bagatelle. Ces exercices étaient excellents pour les matelots et prouvaient une fois de plus ce que la France avait perdu par la mort du maréchal Niel. Le commandant était un instructeur parfait, prenant, comme il le disait, le taureau par les cornes, il parvenait à faire exécuter à sa troupe les mouvements les plus compliqués que l'on comprenait mieux encore par la pratique que par la théorie. Il avait un tel ascendant sur les hommes, qu'ils l'auraient suivi partout et qu'ils avaient en lui la confiance la plus complète. Il est vrai qu'il ne négligeait rien pour leur bien-être.

BAGATELLE.

EXERCICES DANS LA PLAINE.

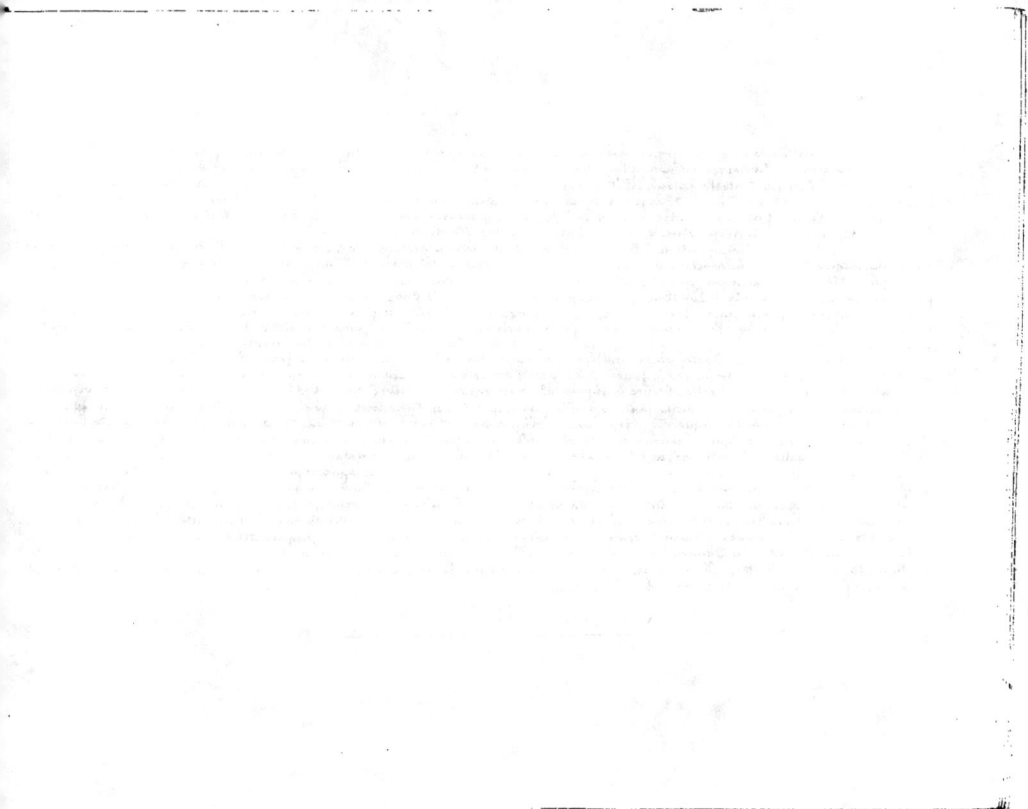

Pl. 11.

Nous assistâmes vers cette époque, à la mi-octobre à un grand combat du genre dont nous parlions tout-à-l'heure et qui fut livré près de Nanterre. On nous plaça derrière le Mont-Valérien, en réserve avec plusieurs bataillons. Nous ne vîmes rien, sinon le ciel en feu toute la journée. C'était un vacarme à n'y pas tenir. Puis vers le soir, les feux cessèrent, le bruit s'apaisa et nous reçûmes l'ordre de rentrer dans nos cantonnements, par l'éternel pont de Neuilly, resté seul de ses confrères pour livrer passage à notre armée. Tel fut notre premier combat sous le Mont-Valérien. Nous commencerons le chapitre suivant par le récit d'un second combat assez semblable au précédent.

Le combat dont il est question à la fin du chapitre précédent s'est appelé « combat de la Malmaison. » — Il fut assez brillant, et nos troupes chassèrent un instant les Prussiens du château de l'impératrice Joséphine. Toutes les fois, en effet, que notre infanterie a pu donner seule contre l'infanterie prussienne, elle a été victorieuse. Pourquoi n'avons-nous pas su mieux nous en servir ? Les Français occupèrent ce jour-là le parc de la Malmaison tout entier et firent dans le château quelques prisonniers. C'était une étape pour Versailles. On eût pu facilement y arriver de ce côté, en prenant à revers les travaux que les Prussiens avaient faits derrière Saint-Cloud, vers la route de Ville-d'Avray. La part du 7e mobile dans ce combat ne fut pas grande, quoique cependant plus active que précédemment.

Le bataillon était développé en tirailleurs, à cheval sur la ligne du chemin de fer de Versailles ; les premières compagnies à droite du talus et les dernières à gauche. La droite seule a donné. La gauche s'est contentée d'entendre le bruit assourdissant de la canonnière Farcy. Grâce à cette absence de lignes télégraphiques portatives dont les Prussiens savent si bien se servir, dans nos armées françaises on ne sait jamais, nulle part, quelle est la tournure générale de la bataille et rarement on connaît le point précis de l'attaque. Ce qui précède explique un mot charmant d'un officier supérieur, homme de beaucoup d'esprit. Il parcourait nos lignes. En nous voyant si pacifiques, en pourtant si nombreux, il nous fut cette question en passant à cheval près de nous : « Messieurs, où est l'ennemi ? » En effet, cet ennemi paraissait souvent imaginaire à nous qui étions placés à gauche du chemin de fer, nous ne voyions que les obus qui nous indiquaient par le point où ils éclataient la marche de l'affaire. Notre occupation consistait à rester à plat ventre dans les vignes de Suresnes et à interroger les rares habitants de Saint-Cloud qui paraissaient dans nos lignes. Nous arrêtâmes quelques espions prussiens. Je gage que l'ennemi s'usait rarement de ces arrestations-là. Nous étions si bien informés de tout ! Pendant que nous attendions paisiblement à la gauche cette retraite en bon ordre qui ne tarda pas à terminer, comme d'habitude, la journée, notre 1ère compagnie allait avec de Rivoire s'emparer de la redoute de Montretout évacuée par l'ennemi. Mon camarade m'a raconté qu'il y serait resté tout le temps de la bataille, sans la batterie Mortemart, qui n'étant pas dans le secret de ce mouvement, continuait sur la redoute le terrible feu qui en avait chassé les Prussiens.

Lith. Grandjean & Gascard, 12, r. du Jardinet, Paris　　N.° 41.　　Bérad, Edit.ᵉ, 38, rue du B...

MONTRETOUT.

SORTIE DU 21 8ᵇʳᵉ 1870.

Pl. 42.

Nos mobiles étaient charmants, nous l'avons déjà dit, vifs, spirituels, alertes. Ils avaient toutes les qualités des Parisiens, mais un grand défaut : Ils se tiraient des pieds. Le général Martinot avait accordé un congé de vingt-quatre heures, à l'occasion des élections, et on lui avait promis de ne pas en abuser. Il y avait un engagement solennel. Je n'ai pas besoin de vous dire que les mobiles n'en tinrent aucun compte. Il y eut beaucoup d'absents à l'appel du surlendemain. Le général, habitué à la discipline sévère de ses gendarmes, se montra fort mécontent de ce manque de parole. Je me rappelle l'avoir rencontré à cheval, rue du château, et avec cette franchise qui qui le faisait aimer ; il nous tint ce langage significatif : « Je ne vous aime plus ! nous sommes brouillés ! vous m'avez trompé ! nous allons nous séparer ! » Il avait compris que le séjour de Neuilly représentait un peu trop, pour nous, les délices de capoue. Au fond, il avait raison. On nous envoya du côté de Pantin et plus tard au plateau d'Avron, séjour moins délicieux qui fut une rude école pour nos mobiles, mais qui contribua beaucoup à les former à la discipline et à la vie militaire.

Voilà pourquoi nous partîmes le 10 novembre 1870 pour Bobigny surnommé Bobigny-les-Bains, en raison de sa boue et de ses averses.

Nous nous souvînmes longtemps de cette étape de Neuilly à Bobigny. Comme si l'inclémence du ciel s'était jointe à celle de l'autorité, il neigeait ce jour-là à gros flocons. La neige et la pluie sont les deux plus grands ennemis des soldats en campagne. Cette neige nous accompagna dans ce voyage depuis dix heures du matin jusqu'à cinq heures du soir, c'est-à-dire pendant toute sa durée. J'avais été chargé de surveiller l'arrière-garde et en particulier un convoi de quinze voitures qui formaient le déménagement du bataillon. Je pensais involontairement à ces voitures impériales qui furent un si grand embarras pour notre armée de l'Est. Le bataillon emportait de la paille, du foin, des sacs, toutes les paillasses des hommes et je ne sais combien d'autres choses. Cela ressemblait au déménagement de Saint-Maur à Châtillon dont nous avons déjà parlé.

Nº 42.

NEUILLY S/ S/
DÉPART POUR BOBIGNY.

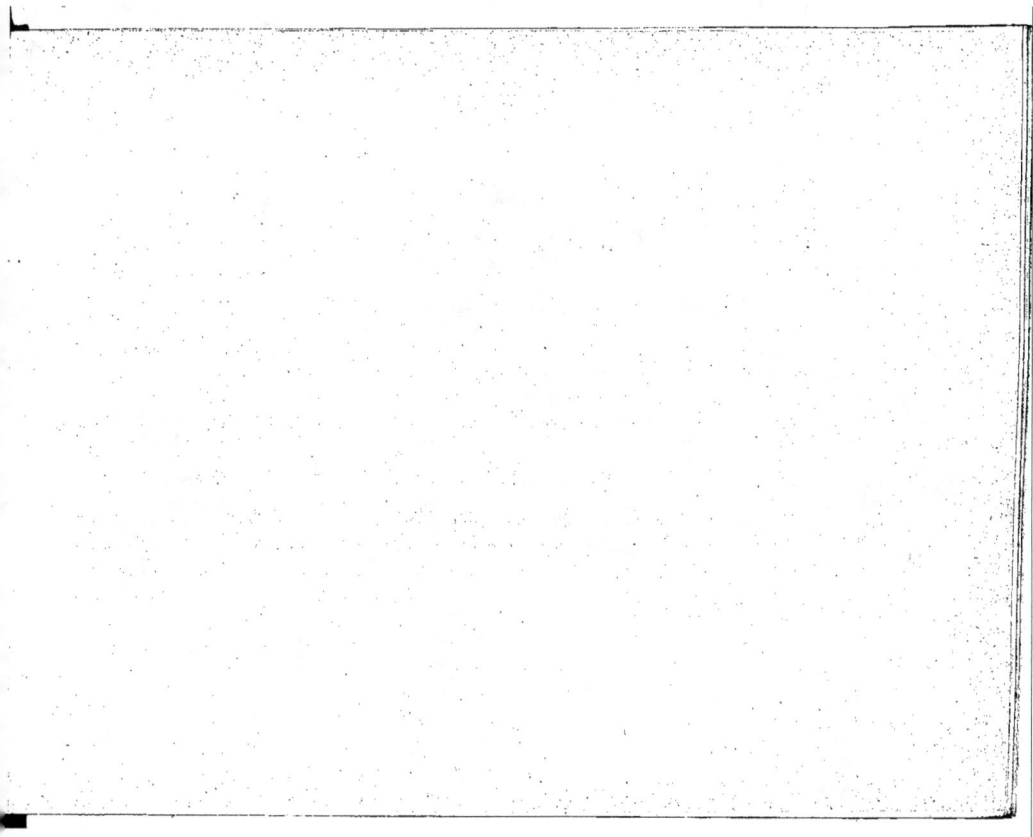

Pl. 43.

Notre marche vers Bobigny, ne fut marquée d'aucun incident fâcheux, sauf celui d'une voiture versée que nos hommes remirent lestement sur ses roues. La route les avaient un peu fatigués. Mais qu'elle surprise désagréable les attendait à Bobigny! Je n'oublierai jamais l'expression de leurs figures, lorsqu'ils arrivèrent dans ce reste de village, car Bobigny n'était plus qu'un monceau de ruines. Les Prussiens, les obus français et les éclaireurs des deux nations avaient passé et repassé par là, jusqu'à ce que la destruction la plus complète s'en fût suivie. Il n'existait plus que quelques maisons perdues au milieu des décombres. On ne voyait partout que toits effondrés, pans de mur écroulés, pierres accumulées, boue épaisse dans les rues et des monceaux d'ordures ou d'objets brisés et à moitié brûlés. Voilà ce qu'était Bobigny quand nous y arrivâmes. C'est ce qu'on appelle en langage familier un joli port de mer. Aussi les mobiles lui donnèrent-ils toute sorte de surnoms : Bobigny-les-Bains, Bobigny-les-Boues; c'était en réalité Bobigny-le-Brûlé. Ce village est un de ceux des environs de Paris qui ont le plus souffert du siège. On voyait qu'après l'ennemi, il avait reçu la visite de ces bandes de maraudeurs civils et militaires qui achèvent de piller ce que la guerre n'a pas détruit. Ce sont des corbeaux d'une espèce particulière qui suivent aussi les armées et ne sont pas les meilleurs, car du moins les corbeaux du ciel ne se portent sur les cadavres que pour s'en nourrir; tandis que les autres ne s'en approchent que pour les dépouiller. Bobigny avait dû voir des nuées de ces corbeaux-là. Il n'y restait plus rien qui vaille. On y trouvait à peine quelques chaises ou des tables cassées. Au milieu de la boue qui remplissait les rues, vous jugez de notre désappointement. Il était aussi complet que la ruine de ce pauvre village.

———————

Nº 43.

BOBIGNY,

PLACE DE L'ÉGLISE.

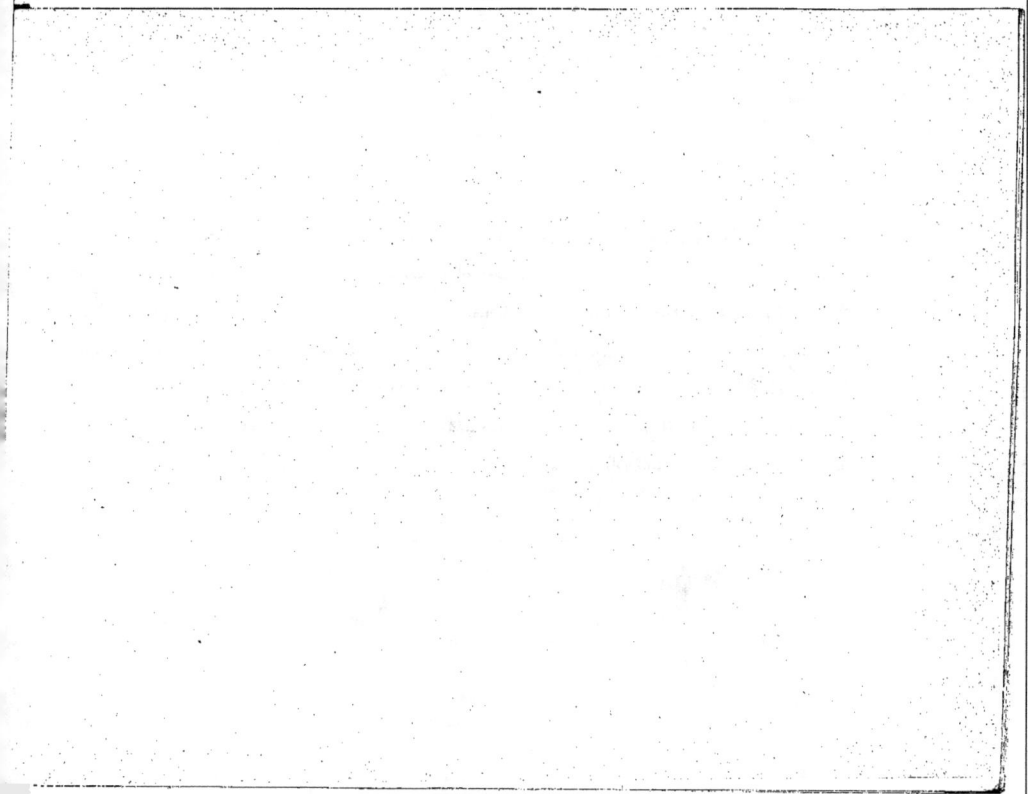

Pl. 44.

Mais revenons à Bobigny, que nous allons quitter avec le bataillon, après deux alertes nocturnes qui nous procurèrent l'agrément de passer dans la boue une partie de la nuit et de rester quarante-huit heures sans nous laver ou nous changer. — Les Prussiens étaient-ils ennuyés de nos grand'gardes ou de la cible que nous avions installée à leur barbe et qui devait leur être assez désagréable, vu la longue portée du chassepot? Je l'ignore. Mais il y eut deux alertes à la suite de notre tir à la cible, la deuxième séance de ce genre depuis le commencement de la guerre

Lith Grandjean et Gascard, 18, r. de Jardinet, Paris.   Nᵒ 44.   Bérou, Lith. 38, rue ...

RETRAITE DE BOBIGNY SUR PANTIN.

14 NOVEMBRE 1870.

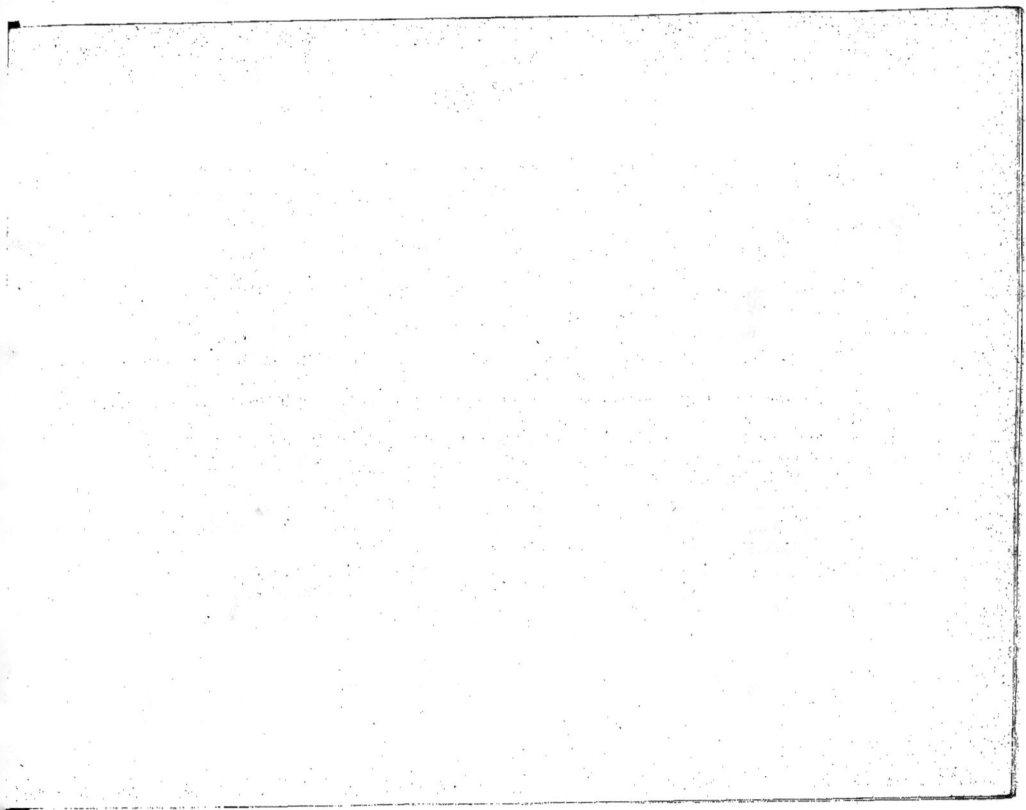

Pl. 45.

Nous arrivâmes le soir à Pantin; il n'y avait personne pour nous recevoir. Les camarades avaient pratiqué la charité bien ordonnée qui commence par soi-même. Je les ai trouvés ronflant comme des sonneurs sur des sommiers et des matelas qu'ils avaient découverts dans la ville. Ils auraient bien mérité d'être réveillés; mais nous fûmes plus charitables qu'eux.

Cette charité nous valut une nuit passée sur des persiennes. Ne nous croyez pas cependant accrochés comme des piverts le seraient à un arbre, les persiennes étaient neuves et placées en lits dans une maison inachevée. Nous en fîmes des lits qui manquaient de moelleux et nous dormîmes tant bien que mal. Le lendemain on avait les côtes rompues; mais on se levait de bonne heure. L'inconvénient d'un bon lit, c'est qu'on ne veut plus se lever; en campagne on est plus matinal et on se porte mieux.

On nous laissa donc à l'abri dans les rues de Pantin. Ce n'était pas gai le soir! Quelle obscurité! Quel désert! Aussi quand venait la nuit, on n'avait qu'une pensée, celle de regagner son gîte. Il était plus ou moins confortable. Celui de la 5e va vous scandaliser. Nous couchions dans un pensionnat de jeunes filles! Quel quartier pour des soldats de 40 ans! rassurez-vous, les jeunes filles n'y étaient plus. Il n'en restait que des réveils, des rubans, du savon et des pots de pommade de toutes les espèces. On reconnait là les soins de la toilette féminine. Le mobilier qui ne s'était pas vu depuis longtemps à pareille fête, fit honneur au savon et à la pommade. Il y avait aussi des matelas et des lits de fer. Ce séjour était un véritable paradis auprès de Bobigny-les-Bains. Nos soldats avaient en surplus besoin de quelque repos. Ils avaient beaucoup souffert du froid, de l'humidité et du manque de sommeil.

L'installation de Pantin commençait à ressembler à celle de Neuilly, c'est-à-dire à devenir véritablement confortable. Nous avions un quartier-général établi dans une des plus belles maisons de la ville. Cet hôtel entouré d'un jardin et précédé d'une vaste cour plantée, avait tout à fait bon air. C'est là que logeaient les deux colonels avec un état-major où j'ai remarqué, comme invités, des officiers du 8e bataillon. Un soir on nous présenta un caporal qui portait un grand nom; il s'appelait Cavaignac. Nous nous fîmes raconter la fameuse histoire du lycée.

N.° 45.

PANTIN,
PLACE DE L'ÉGLISE.

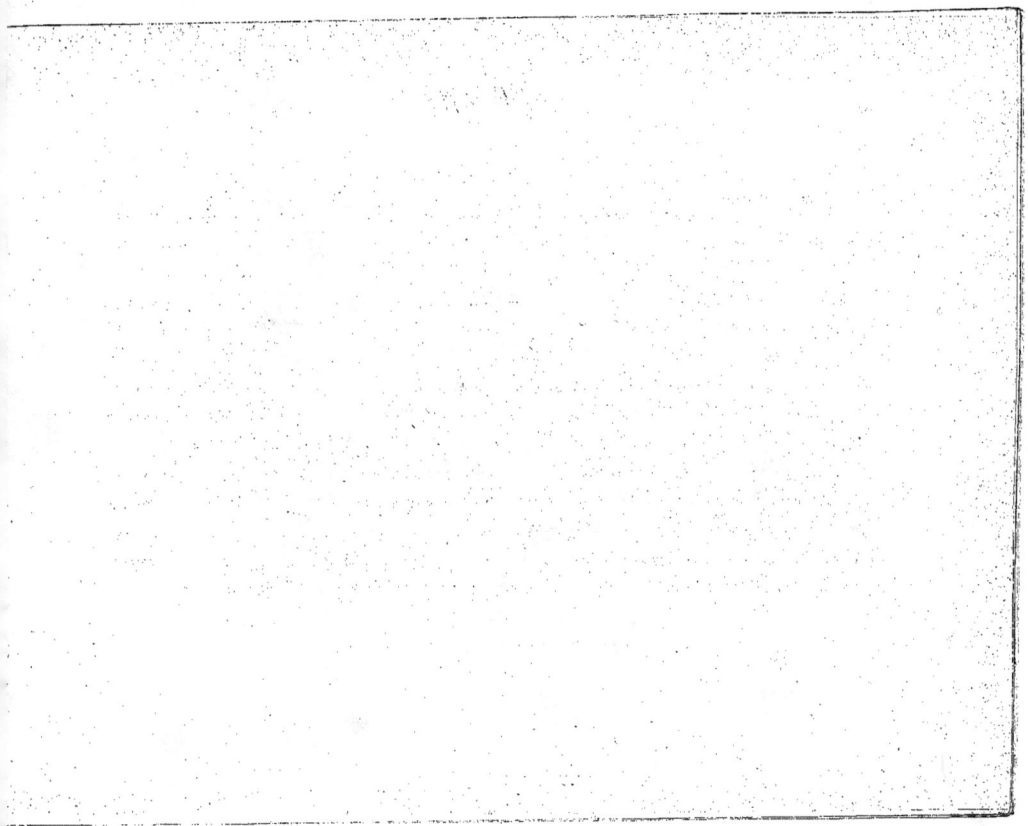

Pl. 46.

Pendant que nous attendions à Pantin une autre destination, nous y assistions chaque matin au spectacle le plus curieux qu'on pût voir, je veux parler des maraudeurs se répandant en troupe dans la zone qui nous séparait de l'ennemi. Ces malheureux se comptaient par milliers ; ils sortaient chaque matin de Paris, armés de pioches, de pelles et de sacs profonds. Le soir, ils revenaient chargés de pommes de terre, de choux, de salades, de navets, enfin de tous les légumes imaginables. Il y avait là des vieillards, des enfants, des femmes parmi lesquelles j'en ai remarqué d'une grande beauté. Mais quels visages ! quelle misère ! Figurez-vous une Vénus en robe déguenillée, avec des souliers éculés, un chignon mal attaché tombant sur un cou dont le contour gracieux reflétait cette demi-teinte particulière à la misère malpropre.

Voilà le personnel de ces maraudeurs que l'on chargeait d'approvisionner Paris de légumes. Ils y trouvaient leur compte, car ils les vendaient fort cher. Mais aussi ces excursions n'étaient pas sans danger ; l'ennemi tirait sur eux comme on tire sur le gibier. Il en tombait tous les jours quelques-uns, ce qui ne ralentissait pas le zèle des autres. La misère est un puissant aiguillon.

Lith. Grandjean et Gascard, 17, r. du Jardinet, Paris. N.º 46. Bérod, Édit.ᵉ 38, rue de Bac.

PANTIN,
RETOUR DES MARAUDEURS.

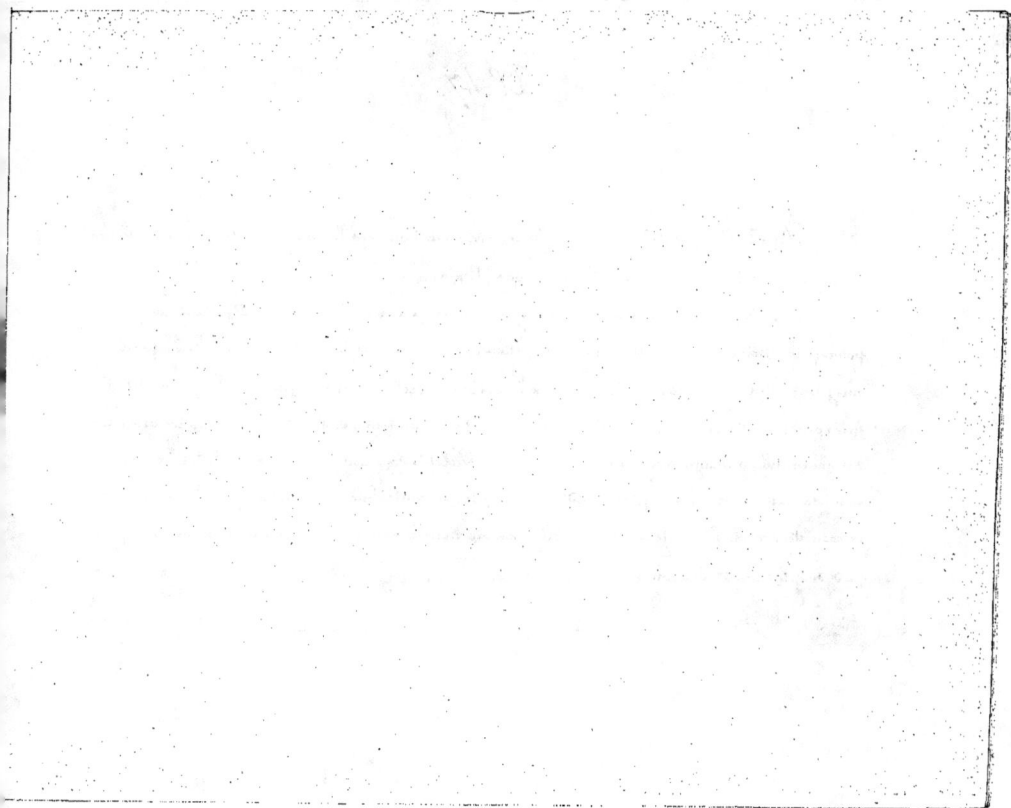

Pl. 47.

Après l'expiration d'un congé accordé aux hommes le 16 Novembre, nous quittâmes Pantin pour la résidence de Rosny-sous-Bois.

Notre nouveau commandant ayant laissé vacante la place d'Ajudant-major pour faire taire les compétitions des capitaines, on nomma le lieutenant de Bourquency, un jeune diplomate qui avait porté à Berlin la déclaration de guerre. Le 7e mobile fut incorporé, à cette époque, dans la 1re brigade de la 5e division de la 3e armée, sous les ordres des généraux d'Hugues et Vinoy. Le colonel Valette devenait notre général de brigade; nous le retrouverons au plateau d'Avron qu'il a contribué à défendre par la vigilance incessante des chefs jointe à la discipline sévère exigée du soldat. Nous n'étions encore qu'au pied du plateau d'Avron.

Lih. Grandjean et Gascard, 18, r. du Jardinet, Paris. N° 47. Bœrod, Edit.ʳ 38, rue du Bac.

PANTIN,
DÉPART POUR ROSNY-SOUS-BOIS.

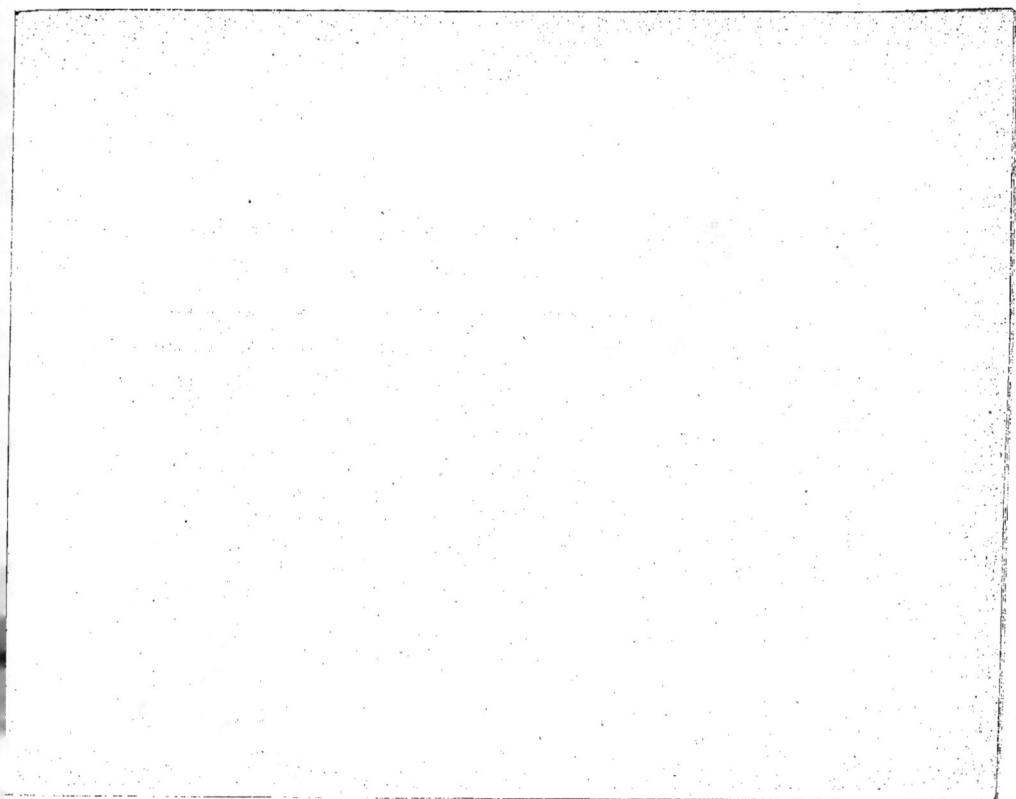

Pl. 48.

On n'osait pas encore s'aventurer trop loin dans la direction d'Avron. On y supposait l'ennemi installé en forces; on était inquiet de ses obus. Ils avaient d'ailleurs allumé un incendie que nous avions aperçu à l'horizon du côté de Nogent. On se contentait d'entourer le plateau par des grand'gardes, mais on n'y montait pas. Nous avions un poste à la station du chemin de fer de Rosny, avec une avancée sur la route de Neuilly/sur Marne. C'était un service pénible, il fallait veiller toute la nuit.

C'était le moment de prier Dieu, mais on n'y eût guère pensé, sans le Père Tailhan qui célébra deux messes dans l'église abandonnée de Rosny.

Pendant ce temps là on entendait la terrible canonnade des forts de Nogent, Rosny et Noisy qui ne cessaient de bombarder le Raincy, Chelles, Montfermeil, avec une activité que j'aurais crue plus efficace.

N.° 48.

ROSNY S.ᵗ-BOIS
VUE GÉNÉRALE

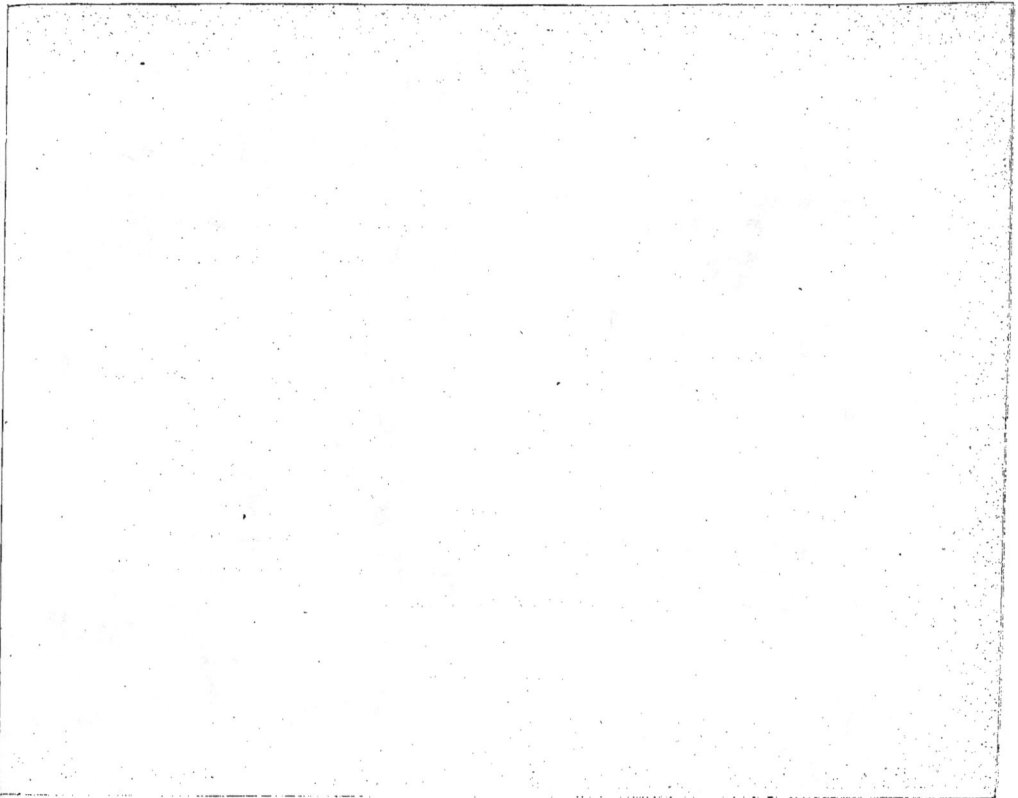

Pl. 49.

Nous fûmes de grand'garde, la nuit qui précéda notre départ pour Avron, le fort de Nogent ne cessait de tirer. Il y avait une immense ligne de troupes autour de ces forts que nous défendions; seulement, comme il faisait froid, les soldats avaient des feux qui se voyaient de loin et étaient un indice certain pour l'ennemi. Nous n'en avions que dans nos postes; on nous empêchait d'en faire au dehors. On avait raison, pourquoi ne pas cacher les feux la nuit, comme on cache les tirailleurs le jour? Le soldat français est aussi imprudent que brave, c'est pour cela qu'il est si facilement surpris à la guerre. Les chasseurs à pied qui campaient à côté de nous, faisaient tant de bruit ce soir-là qu'on les entendait du plateau d'Avron et qu'on devait certainement les entendre du camp prussien.

Avant de quitter Rosny, disons deux mots de l'installation du quartier-général à Montreuil. La brigade Valette se formait; elle était composée de trois bataillons de mobiles parisiens, d'un bataillon de mobiles bretons et d'un autre de Vendéens. Il y avait aussi un bataillon de chasseurs à pied. C'était une belle et bonne brigade. Le lieutenant-Colonel de Vernou avait plus spécialement sous ses ordres, ce qu'on appelait le groupe des mobiles de la Seine, c'est-à-dire les 6e, 7e et 8e bataillons.

N.º 43.

ROSNY - SOUS - BOIS,

DÉPART POUR AVRON.

Pl. 50.

Ce fut une fameuse nuit que celle du 29 Novembre. Nous la passâmes sur le plateau d'Avron, où nous étions arrivés par un circuit stratégique qui nous avait tous trompés, même les chefs. Nous restâmes jusqu'au jour, le dos à l'ennemi, de la meilleure foi du monde. Comme il faisait un froid de Sibérie, on n'occupait pas longtemps la même place, et nous étions par cela même, à l'abri des surprises. Quelqu'un me montrait les lignes prussiennes du côté de Rosny, tandis qu'elles étaient à l'opposé; je me rendis compte des erreurs grossières de cette guerre.

Pour bien marcher la nuit il faut avoir soin d'échelonner quelques hommes isolés à la tête et à la queue de chaque corps. C'est ordinairement le rôle des tambours, clairons ou sapeurs. Ces hommes forment une chaîne qui s'allonge à volonté et vous unit toujours au corps qui vous précède. De cette façon on ne se perd jamais.

Les marches de nuit demandent de grandes précautions, des chefs habiles et des troupes exercées. Nos moblots étaient très impressionnables. Je me rappellerai toujours la panique jetée dans les rangs par le fameux Porthos, le cheval du lieutenant-colonel. Nous montions un chemin creux en silence, quand tout à coup une ombre apparut dans la demi-obscurité. Bientôt cette ombre traversa les rangs dans toute leur longueur et l'on s'aperçut que c'était bel et bien Porthos qui nous marchait sans façon sur les pieds. Il y eut un mouvement de recul suivi d'un trouble général; des ordonnances, dans leur frayeur, se jetèrent au fond d'un fossé qui bordait la route. On perdit là du pain, du riz et jusqu'à des fusils. Allez donc raisonner les gens dans de pareils moments ! Vous y perdez votre latin. Le meilleur discours c'est de prendre les fuyards au collet et de pousser vigoureusement par derrière ceux qui hésitent. C'est ce que firent nos officiers et tout rentra dans l'ordre.

———————

Lith. Granjean et Gascard, 12, r. du Jardinet, Paris. N° 50. Bérod, Edit.r 38, rue du ...

AVRON,
OCCUPATION DU PLATEAU, 27 9bre 1870.

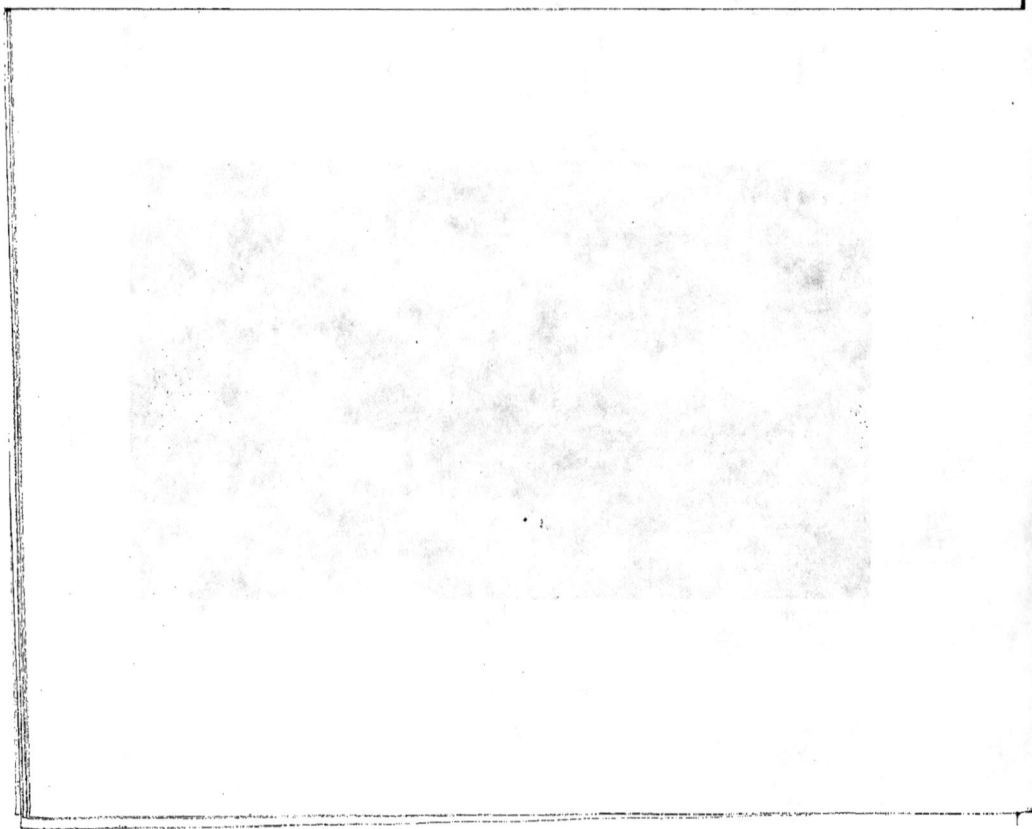

Pl. 51.

J'entendis ce soir-là de mon poste d'observation, un roulement prolongé de caissons, de voitures et de roues de canon. Il est fâcheux qu'on ne puisse pas dissimuler ce bruit; il avertit l'ennemi des mouvements que fait l'artillerie. On en préparait un fort sérieux pour le fameux combat du 30, qui prit le nom de bataille de Champigny. La lutte eut pour théâtre ce coude de la Marne compris entre la Maison-Blanche, la Ville Évrard et Nogent, où l'on remarque les villages de Villiers, Noisy-le-Grand et Champigny. Ces villages furent le théâtre de l'attaque; glorieuse entreprise le 30 Novembre, par le général Ducrot, à la tête de près de 100,000 hommes. Ce fut un véritable succès, dû au plateau d'Avron, où notre artillerie prenait l'ennemi en flanc; nous vîmes distinctement fuir les Prussiens. C'était la première fois. On ne s'imagine pas le plaisir qu'on éprouve en voyant se sauver à toutes jambes des adversaires jusque-là victorieux. Les Prussiens perdirent beaucoup de monde et la grande trouée eût pu se faire, si l'armée de la Loire se fût rapprochée de nous en ce moment. Le mouvement fut vigoureusement enlevé par le Général Ducrot, qui montra la plus grande bravoure. Malheureusement une faute avait été commise. Quelques jours auparavant on avait essayé de passer la Marne sans réussir; c'était avertir l'ennemi ou un ennemi qui voit tout. La diversion d'Avron ne fut pas sans influence sur le succès de cette journée.

Qu'on se figure le plateau s'avançant dans la vallée, comme un promontoire dans la mer; on aura l'idée de cette position exceptionnelle d'où l'on dominait tout le champ de bataille. Des batteries bien servies par des artilleurs et des marins, sous les ordres de l'amiral Saisset, formaient un long ruban de feu autour de cette hauteur. Le 7e mobile était déployé en tirailleurs devant les batteries et dans les tranchées. On n'a pas suffisamment fait la part des troupes d'Avron dans le succès très-véritable de cette affaire. L'intervention de nos batteries déconcerta ou bien l'ennemi qu'il battit en retraite et consentit à un armistice pour le jour suivant. Lorsque le combat recommença, le 2 Décembre, il se garda bien de se placer sous le feu d'Avron.

Lith.Grandjean & Cascard, 12, r du Jardinet, Paris.

N° 51.

Bérod, Edit.ᵣ 38, rue du faub

AVRON.

BATAILLE DE CHAMPIGNY, 2 DÉCEMBRE 1870.

Pl. 52.

Nous étions donc installés sur la partie du plateau qui portait le nom un peu ironique de Beauséjour. Le général d'Hugues qui commandait la division, y avait établi son quartier général. Nous y entendîmes la messe, un dimanche, au son du vrai canon. C'était un spectacle saisissant !

Les moblots, à cause du peu de maisons restées debout fixient sous la tente abri. Cette demeure peu confortable fut bientôt remplacée par des baraques ornées de poêles. C'est la 7e Compagnie qui avait donné l'exemple; il fut imité par toutes les autres. Nos hommes rapportaient de Villemonble des planches, du zinc, et les fameux poêles en question. Ils finirent par avoir trop chaud et par se trouver trop bien dans leurs baraques, d'où l'on ne pouvait plus les arracher.

Lith. Grandjean & Gascard, 12, r du Jardinet, Paris.
N.º 52.
Bérod, Edit.ᵗ, 38, rue du Bac.

AVRON.

VUE D'UN CAMPEMENT.

Pl. 53.

Le 23, il y eut du côté de Stains un nouveau combat d'artillerie également sans résultat; il fut cependant conduit avec une grande vigueur. Nous voyions du plateau d'Avron et de nos trois batteries sitées en regard du Raincy, les deux lignes de feu du champ de bataille. Celle des Prussiens parut reculer un moment dans la direction du Bourget; puis vers le soir tout se calma et l'on apprit que nos troupes étaient rentrées en bon ordre dans Paris. On voyait dans ce combat l'avantage incontestable que donnent les pièces se chargeant par la culasse! En suivant des yeux le tir de l'ennemi; il apparaissait presque incessant! Quel mal on peut faire ainsi, quand on tire juste! Nous eûmes ensuite du calme jusqu'au 26. Noël se passa tranquillement—

AVRON.

ASPECT DU PLATEAU PENDANT L'ATTAQUE DU BOURGET

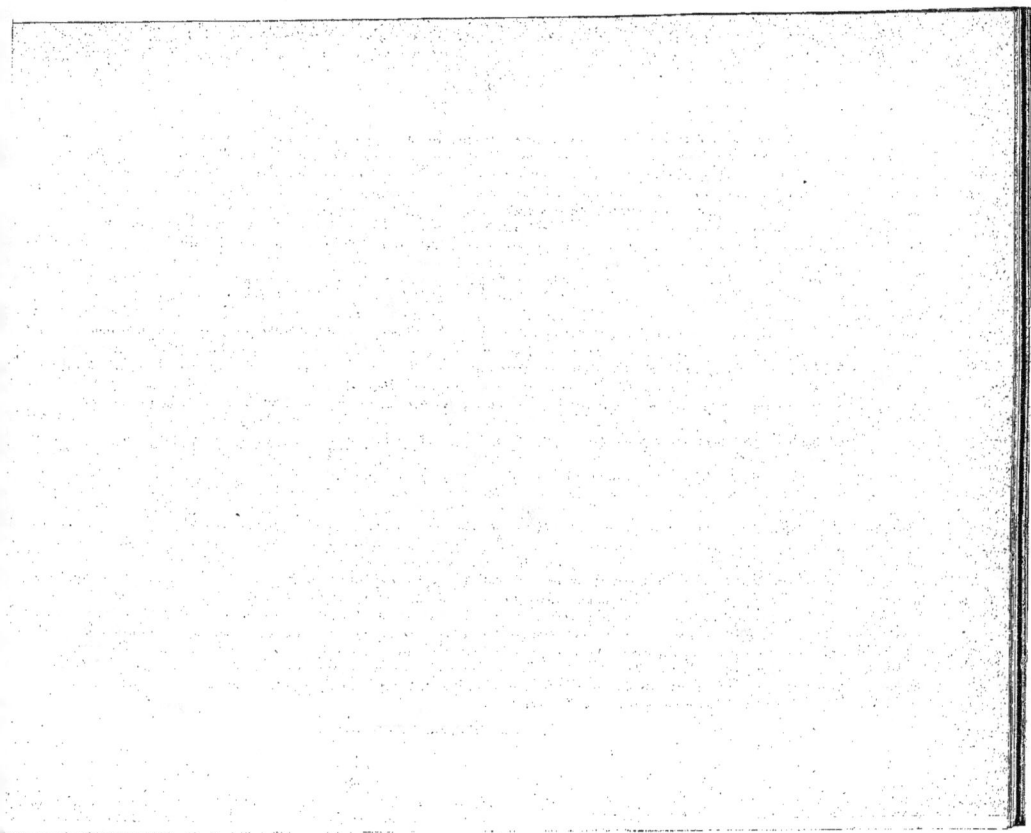

Pl. 54.

Le 27 Décembre, à sept heures du matin, pendant que la corvée des vivres était réunie devant la maison du colonel, on entendit tout à coup une épouvantable détonation suivie d'une épaisse fumée et d'une pluie de projectiles lancés en gerbe de tous côtés, c'était le premier obus des canons Krupp; nous étions bombardés. Les hommes de la corvée tournaient comme des derviches et faisaient une révérence qui n'est pas enseignée par les maîtres de danse, la révérence à l'obus. Il y eut des blessés et quelques morts. Au 6e bataillon, un obus tomba dans la maison du commandant et fit plusieurs victimes. Les Allemands savent où ils visent et ils en voulaient aux demeures des chefs; celle de notre commandant fut également traversée. Le père Taillan y avait installé sa chapelle, qui fut percée à jour, sans que l'autel fût atteint. Les ennemis tiraient aussi avec rage sur notre ambulance, malgré le drapeau blanc à la croix rouge. Je puis affirmer le fait, car j'en ai été témoin. Toutes les maisons de Blaudéjour y passèrent, sauf celle du colonel qu'ils visaient obstinément, sans résultat; nous y primes le café au bruit des obus. Du reste nos hommes commençaient à s'aguerrir. Sur l'ordre du lieutenant-colonel, il firent la cuisine en beau milieu du jardin de la 5e comme en temps ordinaire. Les cuisiniers restèrent là plusieurs heures, autour de la marmite, sans manifester la moindre émotion. Je dois même citer un trait qui n'a pas eu sa récompense. Le sergent de Barbot, accompagné de Bardon, de Charron et de Richardson, sont allés relever dans la tranchée, sous le feu de l'ennemi, un blessé de la 2e compagnie. Le capitaine Raoul, voulant immédiatement célébrer cet acte de courage et de dévouement, fit reconnaître devant la troupe formée en rang, le sergent de Barbot, nouvellement promu. Il a eu l'honneur d'être reconnu, sous le feu et au bruit des obus. Tout le monde était présent, sauf les ordonnances que nous avions laissées dans la cave de notre pavillon, devant le point de mire des Allemands; ils n'y restèrent pas longtemps. Deux obus étant venus les visiter, nous les vîmes accourir, pâles comme la mort et blancs comme des meuniers, on eût dit qu'ils s'étaient roulés dans la poussière. Ils annonçaient avec terreur que la voûte de la cave leur était tombée sur le dos; en somme ils en avaient été quittes pour la peur, mais quelle peur! On en ria longtemps parmi nous. Notre maison étant démolie, il nous fallut rester dans nos compagnies; la 4e se chauffait dans un trou où figurait au milieu des hommes, la jeune Camille Bureau, cantinière adoptive; elle ne semblait pas avoir conscience du danger qu'elle courait. La 5e était installée devant le mur de son cantonnement; c'était un cosy bon abri et j'y reçus beaucoup de longues visites ce jour-là. Il y venait des gens qui ne me visitaient pas d'ordinaire, mais dans ces moments-là, les liens les plus relâchés se resserrent; c'est le triomphe des hommes de sang-froid. Les autres compagnies étaient dans les tranchées où elles passèrent la nuit, par un froid horrible; car hiver il y eut quinze degrés au plateau d'Avron. Les hommes supportèrent avec un grand courage et une grande solidité ce bombardement qui dura deux grandes journées où nous reçûmes six mille obus. On a comparé ce bombardement à celui de Sébastopol, ou de Charlestown en Amérique. Il n'y avait dans la journée qu'un moment de répit, de onze heures à Midi. Nous en profitâmes pour imiter les Allemands; c'était l'heure du déjeuner nous fîmes comme eux. Dans le principe on leur répondait régulièrement de nos batteries, mais celle de nos pièces de 7 fut bientôt réduite au silence et le second jour le plateau ne ripostait plus que faiblement.

Lith. Grandjean et Gascard, 12, r. du Jardinet, Paris.   N° 54.   Bérod, Edit. 58, r. du Bac.

AVRON

BOMBARDEMENT DU PLATEAU, 27 & 28 X^{bre} 1870.

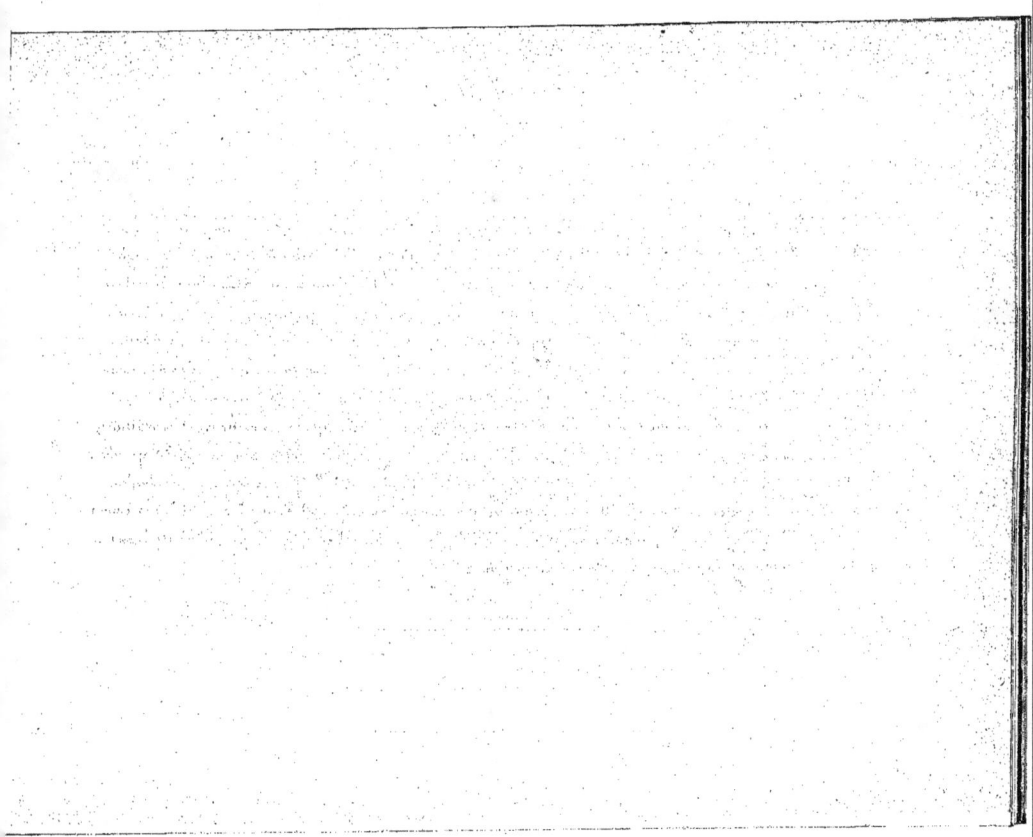

Pl. 55.

Pendant que nous supportions le bombardement d'Avron, notre grand'garde arrêtait à Villemomble les efforts de l'infanterie ennemie. C'était de Rivoire qui la commandait. Il avait envoyé la note suivante par un hardi messager : « Notre poste vient d'être démoli par cinq obus. Le sol est labouré tout au tour. L'existence des hommes est gravement compromise. J'ai cru devoir l'évacuer, non en me retirant, mais en appuyant à gauche sur la même ligne de maisons. Je suis à la droite du parc où est installé le bataillon breton. J'ai fait suivre à mes fractionnaires le même mouvement, en laissant une demi section dans le petit poste de quatre hommes. Le tir de l'ennemi nous suit. Depuis une demi heure, après une heure d'incertitude, il est devenu d'une désastreuse exactitude. » Rivoire prit sur lui d'arrêter de nouvelles dispositions et il se garda mieux, en se rapprochant de l'ennemi. C'était à la fois audacieux et ingénieux, il y eut quelques attaques d'infanterie repoussées par les nôtres. Les Allemands, habitués à nous voir toujours à notre poste, n'osèrent pas tenter l'assaut du plateau, ils ne l'occupèrent qu'après et longtemps après notre évacuation.

———————

N.º 55

LE RAINCY,

POSITION DE L'INFANTERIE ALLEMANDE TIRANT SUR VILLEMOMBLE.

Pl. 56.

Notre grand'garde était installée dans la maison du maire de Villemomble, en face d'une rue qui conduisait au Raincy et qui longeait un parc appelé la propriété de la Prussienne à cause de la nationalité de sa propriétaire. Nous étions reliés à droite avec le 6ᵉ bataillon de la Seine et à gauche avec les Bretons. Nous avions sous notre surveillance une bonne moitié de Villemomble et en particulier une série de jardins et de maisons de campagne qui eussent été, en temps de paix, un séjour des plus agréables.

———————————

N° 56

VILLEMONBLE,

LA MAISON DU MAIRE.

Pl. 57.

Les Allemands nous faisaient une guerre si acharnée, ils jouaient si serré, que nous aurions dû les harceler chaque jour et chaque nuit sans leur laisser une minute de repos. Qui sait, un moment de négligence ou de fatigue (peu dans leurs habitudes, il est vrai) nous eût peut-être ouvert un vide dans le cercle de fer dont ils nous entouraient. La guerre se compose de science et de hasard; le talent consiste à ne jamais compter que sur la science, mais à savoir toujours profiter du hasard.

Avec un ennemi qui nous envoyait de faux pigeons, c'est-à-dire de fausses nouvelles apportées par de vrais pigeons, il fallait ne rien négliger. J'ai déjà dit qu'au plateau d'Avron, il n'y avait pas une seule faute militaire de commise! Quand plus tard on l'évacua, ce fut par ordre supérieur; et je crois qu'on aurait pu s'y maintenir ou par de nouveaux travaux de défense ou par une attaque audacieuse contre les hauteurs voisines. La disposition du terrain permettait d'arriver au Raincy, en se mettant à l'abri du canon ennemi. Nous n'aurions jamais rendu le plateau. On écrivait alors dans les journaux, qui accueillent trop facilement toutes les nouvelles, qu'on nous avait sommés de nous rendre. Pendant que nous lisions cette nouvelle à sensation, on essayait sous nos yeux une pièce de 7, se chargeant par la culasse. Les Allemands qui préparaient leur réponse, eurent la patience de se taire. Cependant on les voyait déménager, un par un, de leur poste ordinaire. La pièce de 7 les avait dérangés dans leurs habitudes. Ah! si nous avions eu là une batterie de pièces de marine comme les deux ou trois pièces placées à l'éperon du plateau, les Saxons n'auraient pas tardé à évacuer le Raincy

Lith. Grandjean et Gascard, 18, r. du Jardinet, Paris. Nº 87. Bérod, Edit.ᵉ 38, rue du Bac.

LE RAINCY,
PRINCIPALE BATTERIE ALLEMANDE.

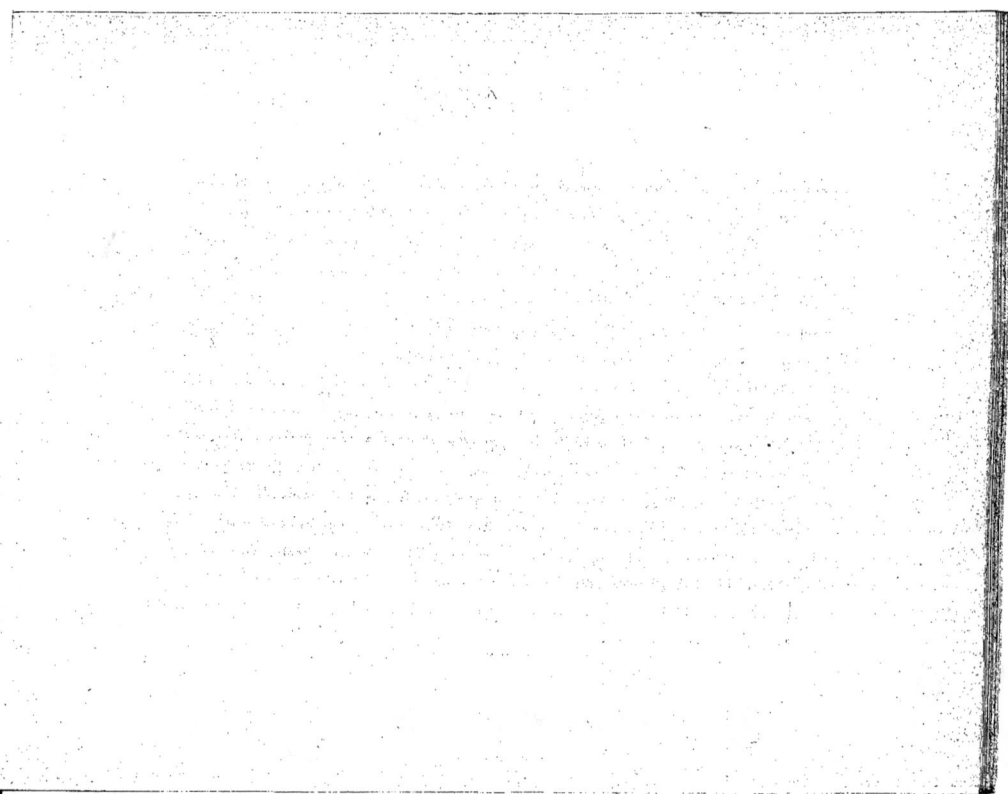

Pl. 58.

Le général Trochu vint lui-même dans nos tranchées qu'il parcourut avec son état-major. L'ennemi semblait le suivre, par un tir régulier et rapide. Il courut de grands dangers. Ayant jugé la position insoutenable, il décida l'évacuation du plateau qui eut lieu le 29.

N° 58.

AVRON.

ÉVACUATION DU PLATEAU, 28 X^{BRE} 1870.

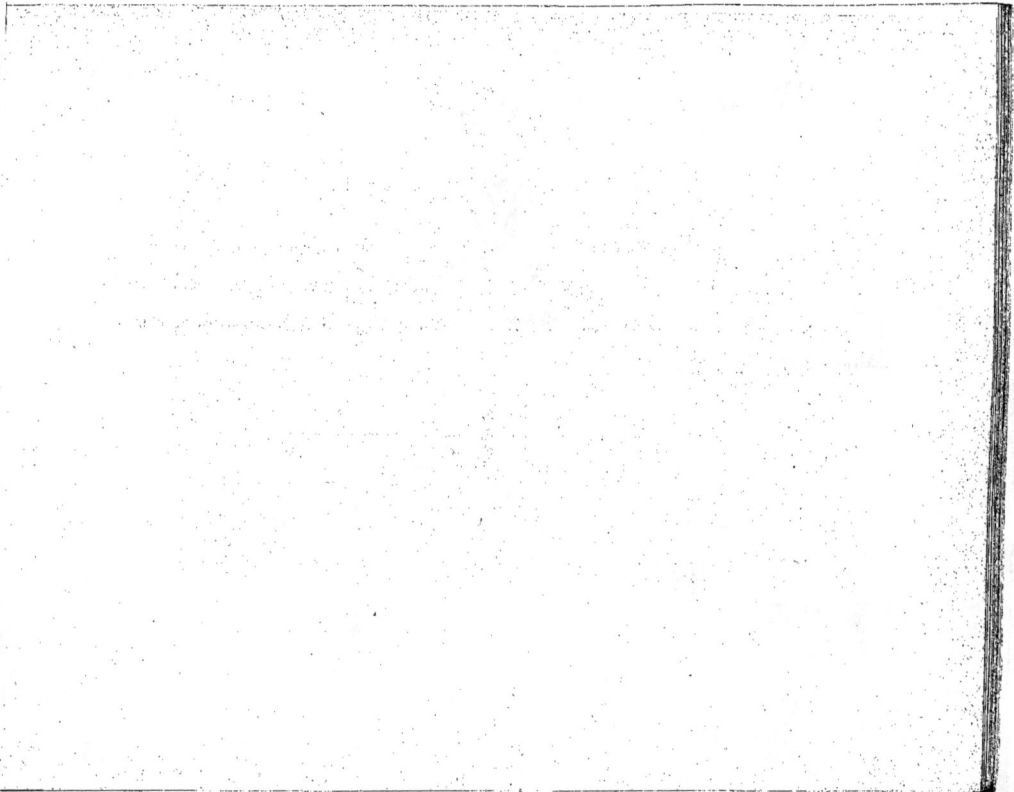

Pl. 59.

Nous le quittâmes le 28 au soir pour aller passer la nuit dans les carrières d'Avron. Nous en avions expulsé plus de 2,000 maraudeurs et déserteurs qui s'y étaient installés.

Lith. Grandjean et Gascard, 12, r. du Jardinet, Paris.

N.° 39.

Béraud, Edit.? 38, rue du Bac

NEUILLY-PLAISANCE,

ENTRÉE DANS LES CARRIÈRES.

Pl. 60.

Ces carrières, avec l'épaisse fumée de nos milliers de feux, avec leurs voûtes nombreuses et les piliers qui les supportent, toutes remplies de moblots étendus à terre, présentait le plus curieux spectacle. Les carrières d'Aaron ont eu les honneurs de l'illustration.

NEUILLY- PLAISANCE.

INTÉRIEUR DES CARRIÈRES.

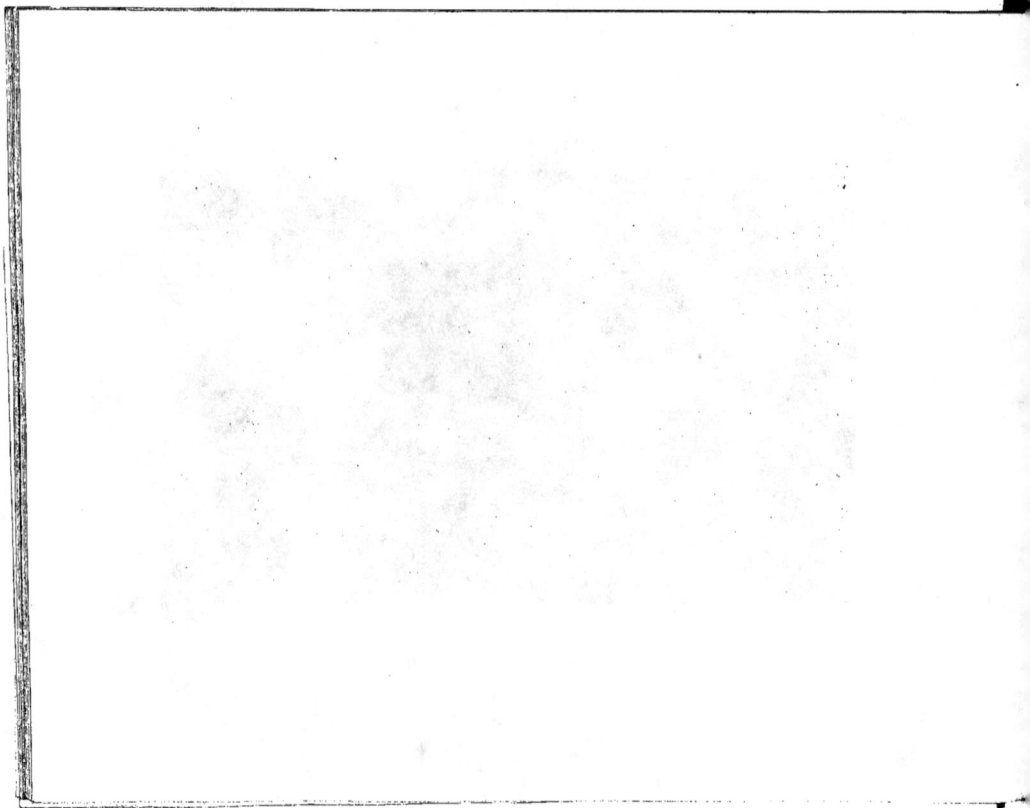

Pl. 61.

Le 29, à trois heures du matin, nous partîmes pour Vincennes en rentrant à Paris, par Rosny et Montreuil. Il y eut une débandade qui tenait à ce que tous les corps encombraient la même route.

—————————

Lith. Grandjean et Gascard, 12, r du Jardinet, Paris

N° 61.

Bérod, Edit.ʳ 38, rue du Bac

NEUILLY - PLAISANCE.

SORTIE DES CARRIÈRES.

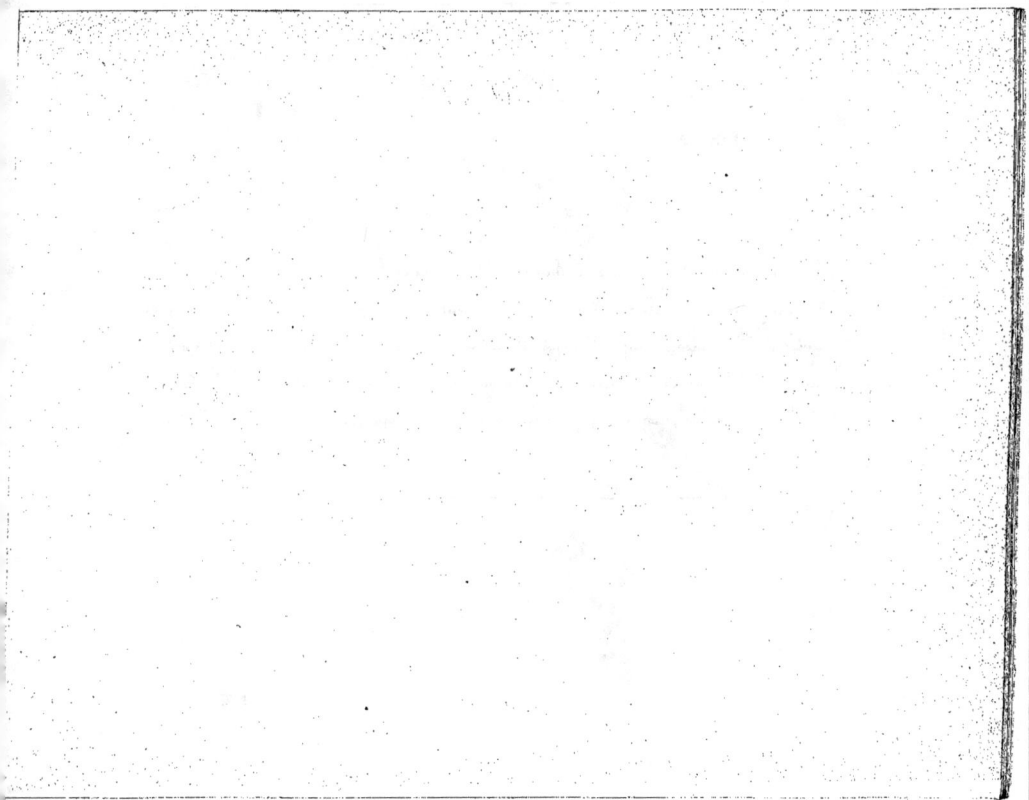

Pl. 62.

Nous passâmes la journée à Saint-Maur dans les baraques du camp; presque
tous les hommes allèrent à Paris. Voilà l'inconvénient des troupes cantonnées dans leur pays.
Nous dînâmes à Vincennes au café Broggi. C'était une chose nouvelle pour nous qu'un dîner
et une chambre à l'hôtel. Cela semblait bien doux et on ne se souciait guère du bombardement
des forts de Rosny et de Nogent qui avait commencé pour de bon.

Lith. Grandjean et Gascard, 18, r. du Jardinet, Paris.   N° 62.   Berod, Edit.ᵣ 38, rue du Bac.

CAMP DE VINCENNES,

DÉPART POUR CHARENTON Sᵗ MAURICE.

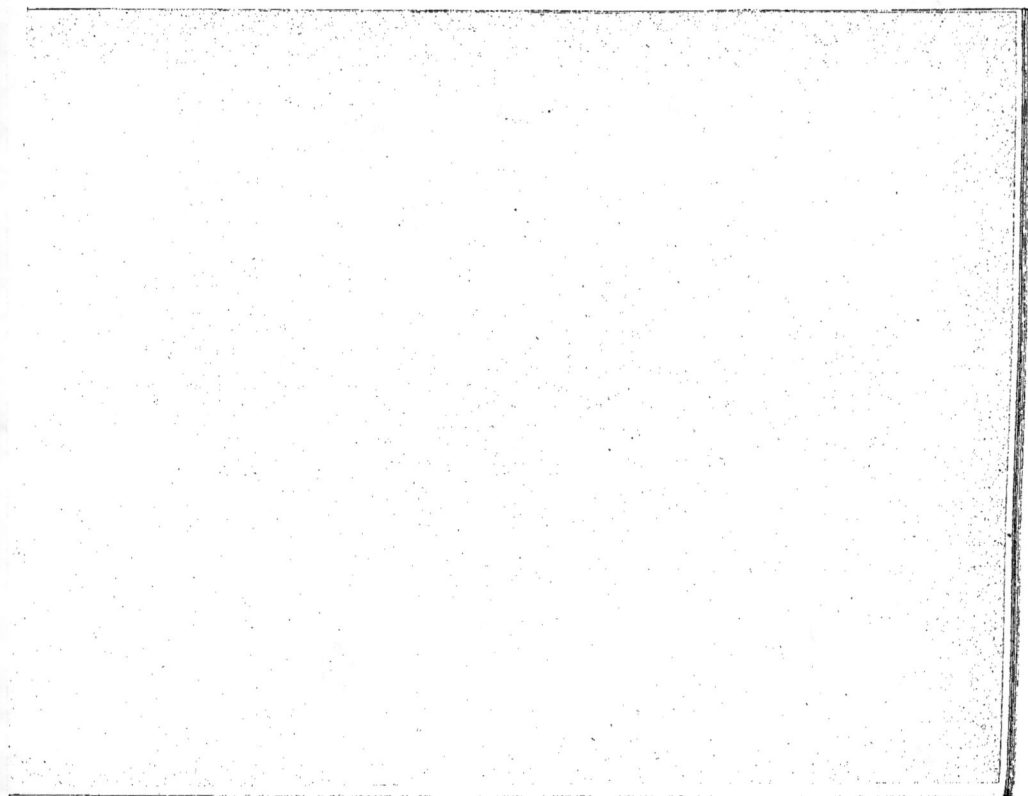

Pl. 63.

En cinq mois, nous avions fait le tour de Paris et nous étions revenus à notre point de départ. Nous eûmes une bonne journée de repos, en attendant un nouveau déplacement qui eut lieu le 31. Nous allâmes prendre notre cantonnement à Saint-Maurice, charmant village situé sur les bords de la Seine et du canal de la Marne, auprès de Charenton.

Nº 63.

CHARENTON Sᵀ. MAURICE.

VUE GÉNÉRALE.

Pl. 64.

Nous partîmes donc pour Charenton et l'on nous cantonna dans un petit village voisin appelé Saint-Maurice; délicieux endroit ! C'est là que se trouve l'hospice des fous . On voyait le drapeau noir flotter sur cet établissement. Au milieu de nos malheurs publics, cette vue avait quelque chose de sinistre. Le fort de Charenton était en face de nous, au-delà de la rivière; on l'apercevait à travers les arbres, comme un moissonneur accroupi dans les blés ; c'est-à-dire que ce fort ne domine guère les environs. Tout n'était pas parfait. Dans les forts de Paris.

Nous restâmes à Saint-Maurice un mois entier ; sauf un déplacement de deux jours pour aller assister à la bataille de Buzenval. Saint-Maurice fut pour nous un lieu de repos. Cela nous semblait doux après le séjour d'Avron. Aussi la discipline se relâcha. Le 1er Janvier 1871, le lendemain de notre arrivée; il y eut une débandade générale au 7e.

Nous eûmes un peu de calme à Charenton. Nous étions fort bien installés dans une grande maison de la rue de Paris où l'on mettait au net les notes de la guerre.

Pendant que les guerriers se reposaient dans un bien être relatif, qu'enviaient ambitionné les habitants de Paris, ces derniers commençaient à connaître toutes les horreurs du siège; la faim; le froid et les obus. La rue du Bac et la rue de Varennes étaient atteintes; tout le côté sud de Paris était systématiquement bombardé.

Pendant que ces évènements se passaient, nous restions à Saint-Maurice l'arme au bras. Les officiers se réunissaient quelquefois au cercle installé chez le capitaine Méraud, dans une belle villa de Charenton; on y jouait au billard et au whist pour tromper les ennuis de cette longue agonie dont on commençait à redouter la fin prochaine.

Les mobles avaient aussi leurs cercles qui étaient les cabarets du pays; ils se trouvaient de tous côtés. Mais cela n'empêchait pas les promenades à Paris, pour lesquelles on employait tous les trucs imaginables. Le mot est trivial, mais je parle la langue du soldat.

Lith. Grandjean & Gassard, 12, r. du Jardinet, Paris　　　No 64.　　　Bérod, Edit.r 30, rue du Bac.

CHARENTON ST MAURICE.

GRANDE RUE.

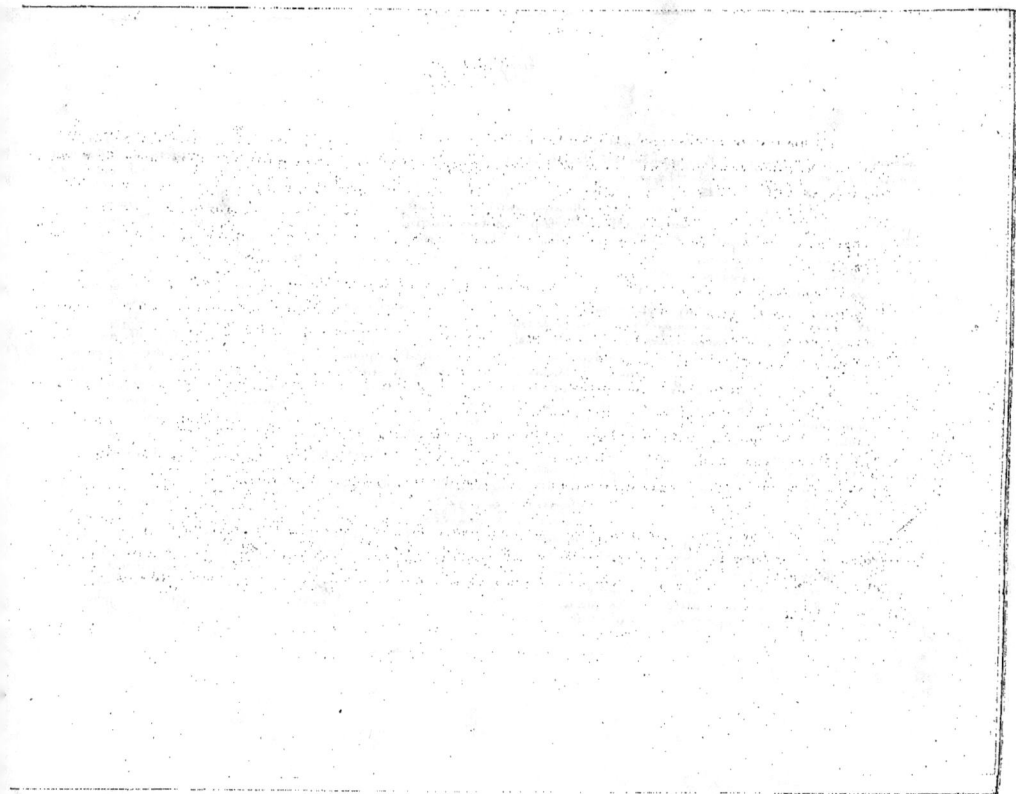

Pl. 65.

Le 17 Janvier, nous quittâmes Saint-Maurice pour aller à Neuilly où nous fûmes reçus à bras ouverts par nos anciens amis. Le voyage se fit en chemin de fer. C'est la seule fois que j'aie vu utiliser les chemins de fer pour le transport des troupes pendant le siège. Les Prussiens, eux, en faisaient usage, à chaque instant et surtout pendant les batailles. C'est le secret de bien des victoires!

Les moblots ne se sentaient pas d'aise. Ils aimaient tant Neuilly et ses hôtes! ils allaient revoir le coiffeur de la grande avenue, M. Thouin et son aimable fille, le père et la mère Kromer, les cordonniers de la rue du Château, M. Clerc, le propriétaire hospitalier, et Victoire sa bonne! Mais ce n'était qu'une installation provisoire. On nous envoyait à Neuilly pour prendre part à une grande concentration de troupes. Ce grand mouvement eu lieu le 18 Janvier. Il s'accomplissait avec si peu de mystère, que les Prussiens ont dû en être informés en même temps que nous. Je vis dans cette occasion les milliers de costumes divers que cette guerre avait produits. La garde nationale était dans son beau, les moblots faisaient la furie pour voir passer ceux qu'ils appelaient les perroquets de la guerre à outrance. Le premier surnom était dû aux nuances tranchées de leurs capotes; les unes étaient vertes, les autres jaunes, quelques-unes bleues, enfin toutes les couleurs de l'arc-en-ciel avaient été réquisitionnées pour la circonstance. Quant au dernier surnom, il tenait aux élans trop bruyants d'un patriotisme belliqueux qui allait enfin se montrer au grand jour des champs de bataille. Le gouvernement tentait un dernier effort qui n'était en réalité qu'une satisfaction d'amour-propre donnée à la garde nationale. Cette dernière prétendait qu'elle chasserait les Prussiens; on voulait lui montrer que la chose était plus facile de loin que de près. Il faut reconnaître qu'isolement un grand nombre de gardes nationaux ont montré un courage allant jusqu'à la témérité; mais à côté de cette bravoure individuelle, on a pu constater le désordre naturel à une troupe absolument indisciplinée. Aussi au premier signal de retraite, les régiments de perroquets, puisque perroquets il y a, s'envolaient dans toutes les directions. Quelques uns seulement, mieux commandés, restèrent les derniers sur le champ de bataille et gagnèrent en cette journée l'estime de tous. Voilà quel fut le résultat de cinq mois d'exercice! Beaucoup de valeur personnelle, mais dans l'ensemble un désordre insurmontable. Si au lieu de former tous ces régiments bariolés, on avait tout simplement incorporé dans la ligne tous les Parisiens en état de porter les armes, on aurait peut-être eu, au bout de quelque temps, une véritable armée de Paris. Mais en France, on n'aime plus ce qui est simple et pratique. Aujourd'hui même, après tant de leçons, sommes nous corrigés? Que faisons-nous? Nous perdons notre temps à concevoir des lois et des institutions plus compliquées les unes que les autres. La loi militaire n'est pas difficile à faire, on peut l'écrire en deux mots: Tous soldats! Les Prussiens, eux, ne perdent pas leur temps. Ils simplifient, ces gens ingénieux! les voilà qui habillent la landwehr comme l'armée, qui prennent des draps foncés et suppriment les ornements inutiles, tandis que nous en revenons au clinquant d'autrefois. Voyez-les étudier l'organisation des chemins de fer en campagne, cette véritable base de la stratégie moderne!

Lith. Grandjean et Gencard, 12, r. du Jardinet, Paris.

N.º 65.

Bérod, Edit.ͬ 38, rue du Bac.

GARE DE LA RÂPÉE,

DÉPART POUR BUZENVAL.

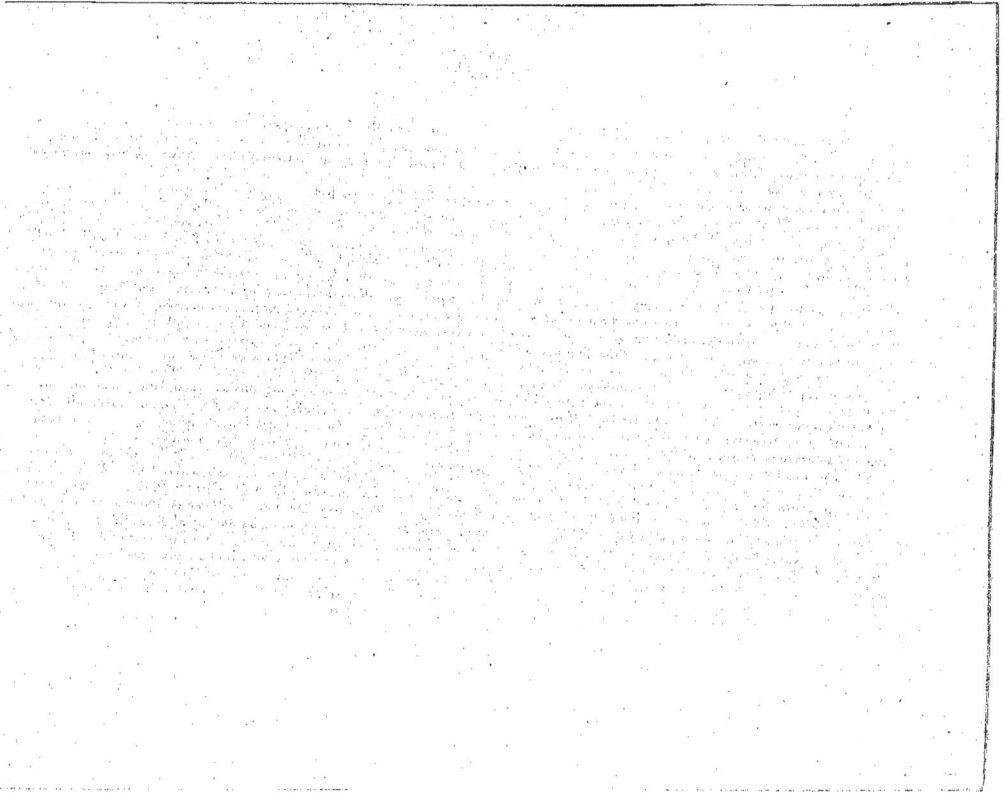

Pl. 66.

Le 19 Janvier, à quatre heures du matin, on sonna le réveil. Il fallut descendre en armes dans le ruesse Neuilly. Le mouvement des troupes commençait; malheureusement, par suite de la faute commise en faisant sauter les ponts de la Seine; il nous fallut attendre notre tour jusqu'à huit heures du matin pour passer ce fleuve. Nous restâmes quatre heures l'arme au pied, dans notre cantonnement. Ces heures d'attente, où tout le monde reste dans l'incertitude, où le troupier ne peut ni manger, ni dormir, ni bouger, m'ont toujours mis hors de moi. C'est le moyen le plus sûr de décourager les hommes! Jamais cette maladresse n'a été évitée pendant toute la campagne. Une demi-heure avant le départ, l'ordre fut donné de faire un bout de cuisine, où l'on pouvait. En vieux routier, j'avais prévu le cas et j'avais engagé mes jeunes gens à faire cuire rapidement quelques beefstacks de cheval. Je me rappelle même leur avoir offert à chacun un verre de rhum servi par une charmante cantinière que le 116e bataillon de la garde nationale avait abandonnée en route. Nous la recueillîmes et elle fit courageusement cette petite campagne de deux jours, qui n'était pas sans fatigue ni sans danger. Cette grenadière s'appelait Valère Thiéry; je me rappellerai toujours la crise affreuse de nerfs qu'elle éprouva en arrivant à Charenton. Elle marchait depuis deux jours et une nuit avec des bottines étroites et un corset qui ne l'était pas moins. A l'arrivée au cantonnement de Saint-Maurice, après la traversée de Paris, il y eut une explosion; les nerfs se détendirent apparemment. Il fallut déshabiller la malade et l'installer tant bien que mal sur le matelas d'un concierge. Les mobles étaient transformés en infirmiers. Quand vous êtes malade, Mars, d'ordinaire assez brutal, se montre particulièrement attentif et galant.

Nous partîmes enfin, quand les divisions d'avant-garde eurent fini leur défilé. Il y eut un corps en retard de quatre heures qui, par parenthèse, fit manquer la journée; c'est toujours la même histoire. On nous fit avancer en piétinant, du pont de Neuilly au rond-point de Courbevoie, puis au Mont-Valérien, devant lequel nous fûmes massés en deuxième réserve: il était deux heures quand nous y arrivâmes.

Lith. Grandjean et Gascard, 12, r. du Jardinet, Paris.   N°. 66.   Bérod, Édit.r 38, rue du Bac. 6

ROND-POINT DE COURBEVOIE.

ASPECT GÉNÉRAL DE LA SORTIE DU 19 JANVIER 1871.

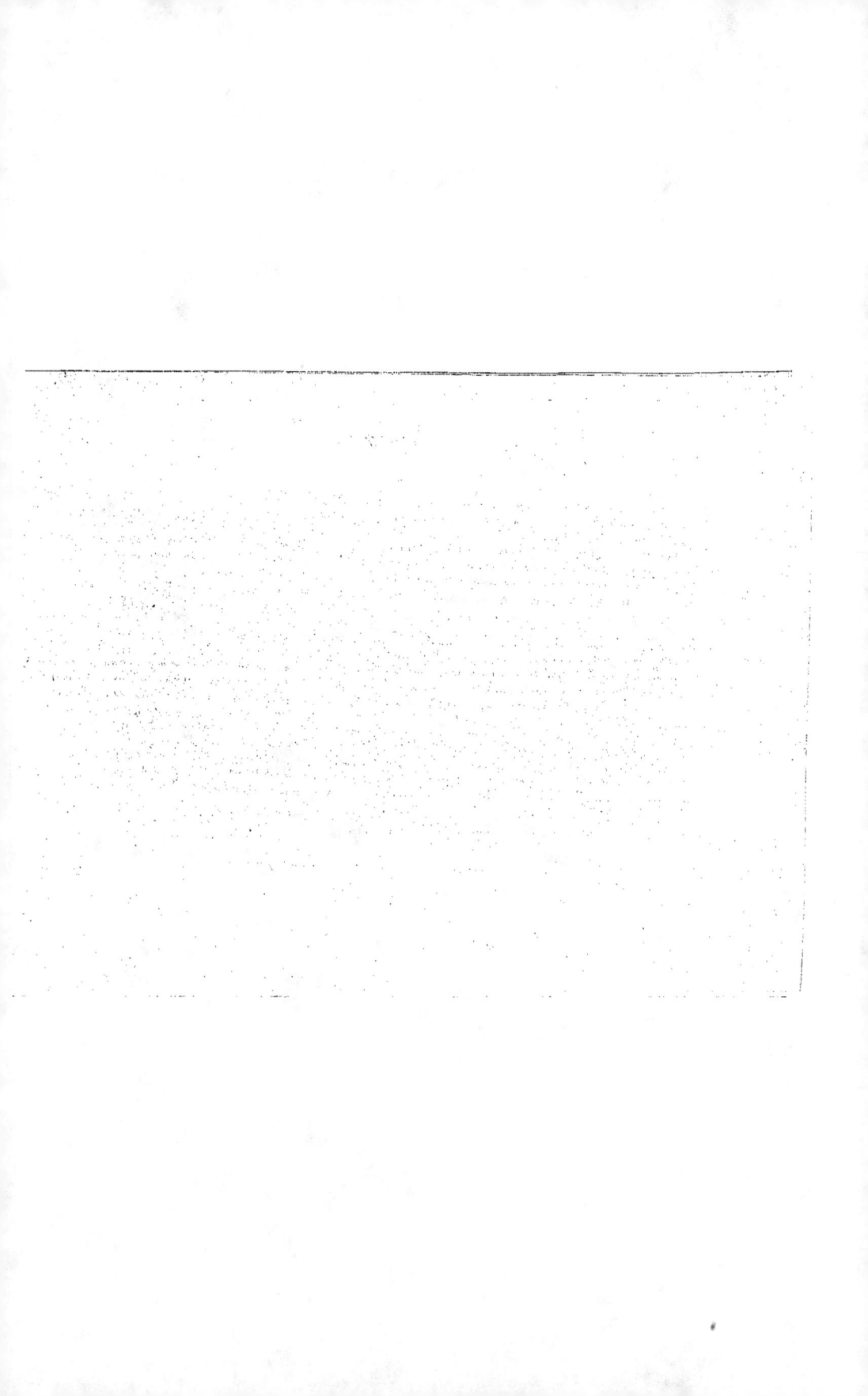

Pl. 67.

Mais parlons de la dernière bataille du siège, où le général Trochu, installé au Mont Valérien, tentait avec environ 60,000 hommes, un dernier effort pour rompre les fameuses lignes prussiennes. Ce fut le combat de Buzenval, ainsi nommé à cause d'un château dont le parc inaccessible a été la sépulture de plus d'un brave.

La bataille était engagée depuis le matin; il courait des bruits de succès. Ils sont déjà dans les bois de Saint-Cloud, disait-on! d'autres prétendaient que nous avions déjà atteint Marly; toujours est-il qu'il y avait eu un retard qui nous retint devant Buzenval et nous fit perdre la bataille, faute d'avoir emporté ce point stratégique. La droite de notre armée, protégée par les locomotives blindées qui circulaient sur le chemin de fer de Saint-Germain jusqu'à la hauteur de Croissy et de Chatou s'appuyait à Marly, Louveciennes, Bougival, la Celle, la Malmaison, la Jonchère. Je crois que ce sont les bois de la Jonchère qui devaient être le point de mire de tous nos efforts, par là on eût pu tourner Buzenval. Notre centre était devant le parc de Buzenval, véritable forteresse aux murs crénelés, devant laquelle vous venez se briser nos efforts et notre élan. La gauche était à Garches, Saint-Cloud et Montretout. On a prétendu qu'une des ailes était faible. La réalité c'est que le centre ne put parvenir à s'emparer de Buzenval. On y perdit beaucoup de monde; c'est là que tomba le vieux marquis de Coriolis, le voyageur Lambert; le peintre Régnault, l'écrivain Louis Gilbert et quelques unes des notabilités parisiennes enrôlées dans la garde nationale de marche. Les troupes s'étaient pourtant élancées avec une grande vigueur à l'assaut de cette position, Nous vîmes leur cordon de fumée et de feu disparaître sous le feuillage des bois.

Lith Grandjean & Gascard, 12,r. du Jardinet, Paris   N° 67.   Bérod, Edit.r 36,r. du Bac.

SORTIE DU 19 JANVIER ,1871,

MONTRETOUT, LA FOUILLEUSE, & BUZENVAL.

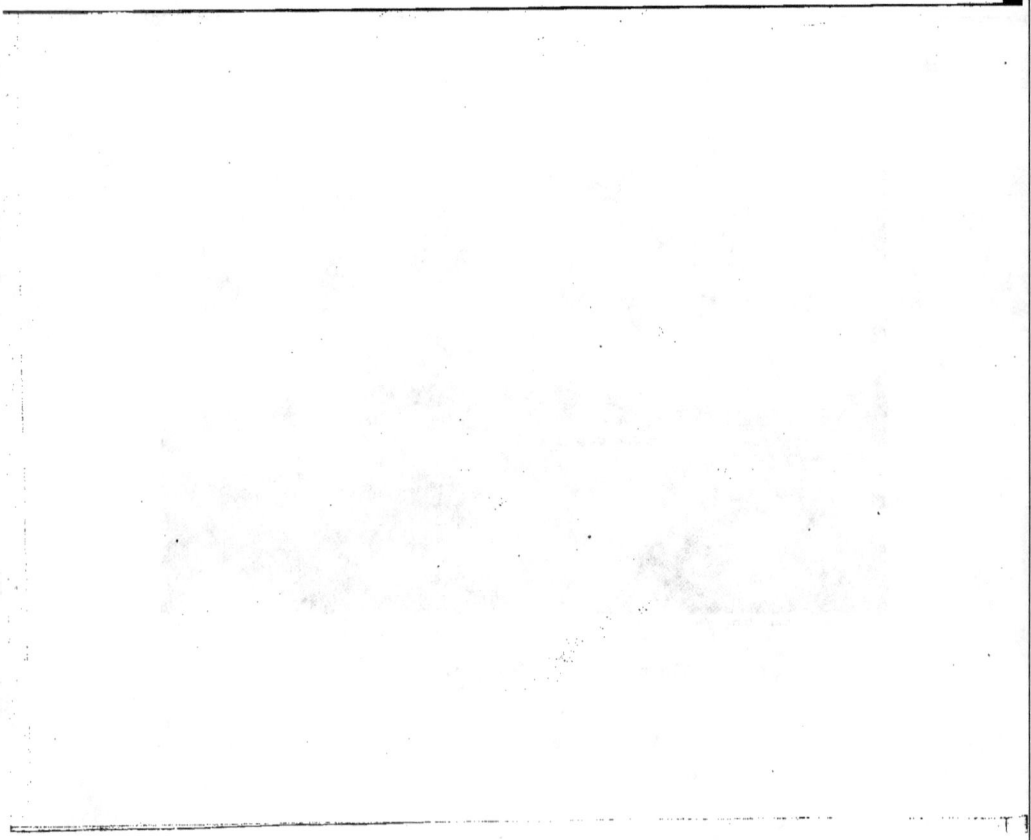

Pl. 68.

Nous crûmes que la victoire était à nous. Mais nous apprîmes vers cinq heures, à la tombée de la nuit, que sans être vaincus, nous n'étions pas vainqueurs. Les 60,000 hommes sortis de Paris battaient en retraite et la réserve resta sur le champ de bataille où elle passa la nuit et la matinée du lendemain. Il y eut, en somme, peu de troupes d'engagées dans ce combat. Notre brigade, qui était fort belle et dont le colonel Valette était très-fier, resta en colonne par division, jusqu'à la nuit, dans un repli de terrain situé au pied du Mont Valérien, sur la route de Montretout à Ruel. Il y avait là les 6e, 7e et 8e bataillons de la mobile de la Seine, le 5e des mobiles du Finistère, le 5e d'Ille-et-Vilaine, la 4e de la Vendée, enfin le 21e régiment de la garde nationale mobilisée de la Seine; en tout près de 10,000 hommes, sur lesquels on pouvait compter. Nous eûmes la douleur de ne pas tirer un coup de fusil, et quand la journée fut finie, on nous fit former les faisceaux et nous bivouaquâmes. Il faisait froid; après avoir mangé, chacun se roula dans sa couverture et se coucha le mieux qu'il put, la tête couverte et les pieds au feu. Ces diables de mobiles sont si peu faits pour rester en place, qu'il en venait toujours quelques-uns vous marcher sur le corps. Il fallait à chaque instant sortir de sa couverture pour lutter contre des jambes et des pieds qui, à peine expulsés, étaient remplacés par d'autres.

C'était néanmoins un curieux spectacle que cet immense bivouac où tous les feux étaient parallèles et semblables. Il y avait là quelque chose de féerique.

SORTIE DU 19 JANVIER, 1871,

RÉSERVE DES MOBILES DE LA SEINE.

Pl. 69.

Vers neuf heures du soir on nous donna l'ordre d'aller occuper les tranchées de la Fouilleuse qui avaient été abandonnées; cette position couvrait la retraite de l'armée; nous y restâmes dans une terre glaise, des plus épaisses et des plus humides, douze longues heures sans bouger; nous étions transis de froid; plusieurs de nos hommes eurent les pieds gelés; ce fut une plus mauvaise nuit. L'ennemi, fatigué sans doute du combat de la veille, nous laissa tranquillement garder notre poste avancé; un de ses éclaireurs vint cependant, à minuit, ramper jusqu'auprès de nos lignes, et un coup de feu tua un homme de la compagnie de Cranbourg. Mais à ce signal toutes les têtes sortirent de la tranchée et l'éclaireur ennemi jugea prudent de battre en retraite; l'important pour lui était fait, il connaissait les forces des adversaires. Nous redoublâmes de vigilance et nous nous gardâmes comme à Avron; nous eûmes ce soin d'écorce qu'occuper le champ de bataille, sans être inquiétés, jusqu'au lendemain à onze heures du matin, enfin un honneur dont on n'a pas assez tenu compte à la brigade Valotte.

Pendant cette longue et pénible veille, nous eûmes le temps d'examiner ce qui se passait autour de nous. De temps à autre un coup de feu retentissait au loin et l'écho des bois en répercutait le son bruyant. La nuit fut assez calme, le lendemain matin on commença à mieux se rendre compte du champ de bataille; il y avait là des morts étendus depuis la veille, des blessés que l'ambulance n'avait pu trouver dans sa promenade nocturne; cette promenade aux lanternes avait, dans les bois, quelque chose de magique; on voyait de grands yeux de feu s'approcher, puis s'éloigner, enfin s'arrêter, de temps en temps ou disparaître pour reparaître sur un autre point; le jour, les lanternes furent remplacées par des drapeaux blancs. Nous eûmes plusieurs processions de gens à pied et à cheval, tenant en main la bannière sans tache; on aurait dit nos pères les Croisés venant au camp prussien proposer un cartel pour venger l'honneur de la France. En voyant le drapeau blanc circuler librement sur ce champ de bataille couvert de blessés et de morts, on se rappelait involontairement qu'il avait été longtemps pour la France un drapeau protecteur. Il avait encore un beau rôle ce jour-là; c'était une mission de paix et de charité. Si jamais il revient en France, on se souviendra qu'il a flotté, comme pour les protéger, sur nos ambulances, pendant cette terrible guerre. Chose bizarre; il a même remplacé, sur le haut des Tuileries, le drapeau tricolore, et il n'a disparu que pour faire place au drapeau rouge. On sait le reste.

Lith Grandjean et Gascard, 12, r. du Jardinet, Paris.   N°. 69.   Bérod, Edit.r rue et n.e.r 38.

BUZENVAL,

NUIT DU 19 AU 20 JANVIER 1871.

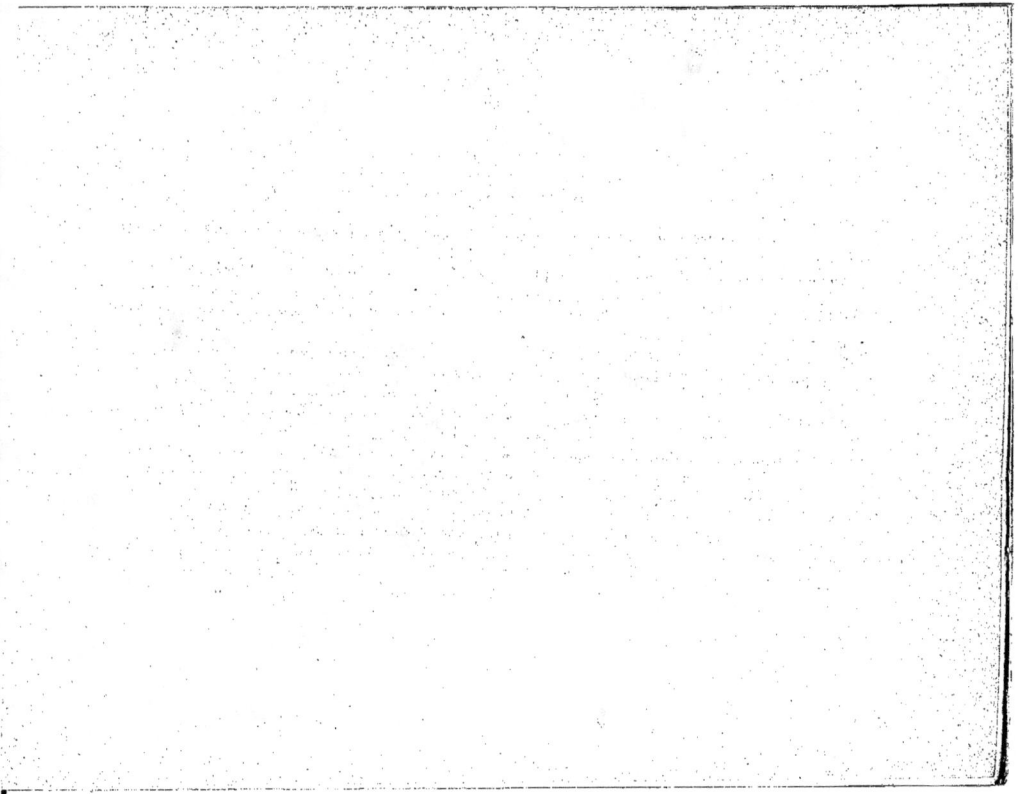

Pl. 70.

Le 20 Janvier, à onze heures du matin, la brigade Valette quitta la dernière le champ de bataille. Dans cette retraite lente et digne, les mobilisés du 21ᵉ régiment de la Seine reçurent quelques coups de feu et eurent des hommes atteints. Nous retournâmes à Neuilly pour y passer la journée et la nuit. Le lendemain on nous renvoya à Saint-Maurice de Charenton. En traversant Paris, le bataillon fondait à vue d'œil, je fus obligé d'exercer la plus grande surveillance pour garder mes hommes autour de moi; j'eus la satisfaction de me faire obéir sans employer les mesures de rigueur.

Lith. Grandjean & Gascard, 12, r. du Jardinet, Paris.   N° 70   Darod. Edit°. 36, rue

RETOUR DE BUZENVAL.

20 JANVIER 1871.

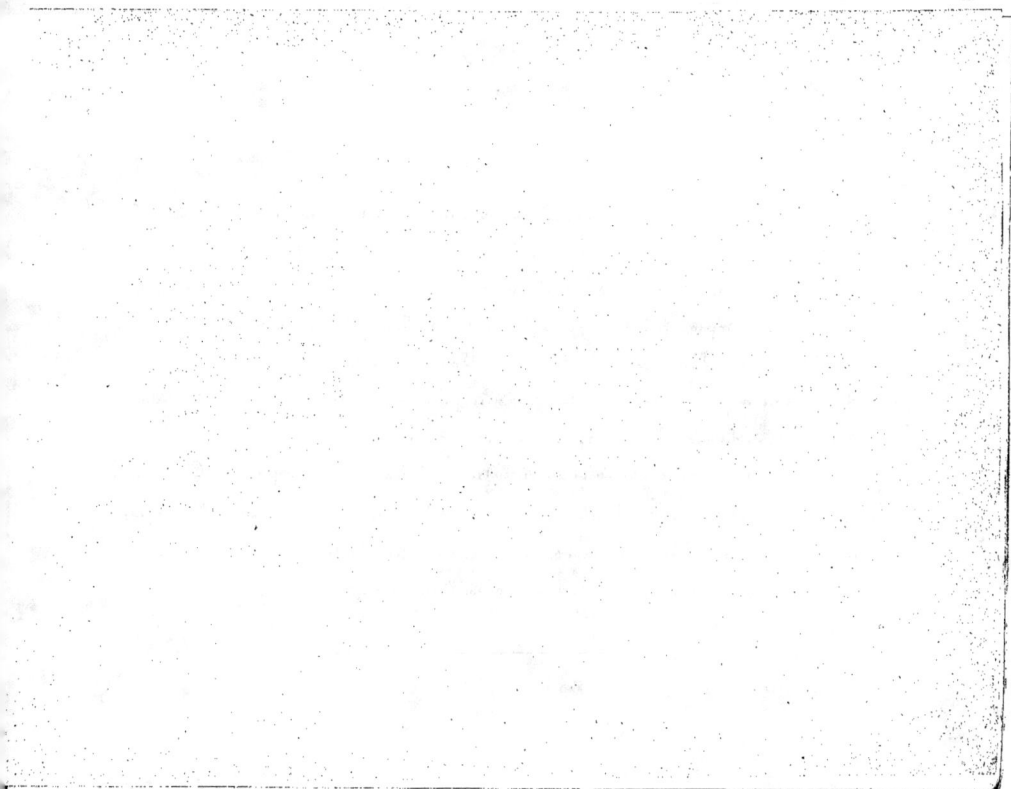

Pl. 71.

Il y eut à cette époque une débandade nouvelle du bataillon vers Paris. Le moblot sentant moins son frein, reprenait son humeur vagabonde. Qu'allait-il faire à Paris où il n'y avait plus de vivres ? Probablement ce qu'on y fait à vingt-deux ans. Heureusement notre départ fut décidé ; il s'effectua le 29. Nous piétinâmes, comme d'habitude le sol de Saint-Maurice et de Charenton. Partis du cantonnement à huit heures, nous étions encore à quelques mètres de là, vers midi. Je n'ai jamais compris cette imitation par trop fidèle de la marche des tortues ou des colimaçons.

La colonne s'ébranla enfin et nous traversâmes Paris, de la porte de Charenton à la caserne de la Tour Maubourg. Les moblots avaient un air martial qui frappa les Parisiens et qui faisait avec nos revers un singulier contraste. C'était une dernière protestation contre une paix dont nous ne voulions pas.

———————————

Lith. Grandjean et Gosrard, 12, r. du Jardinet, Paris.　　　　N.° 71.　　　　Bernd, Edit.° 38, rue du Bac.

CHARENTON-LES-CARRIÈRES,
RETOUR A PARIS, 28 JANVIER 1871.

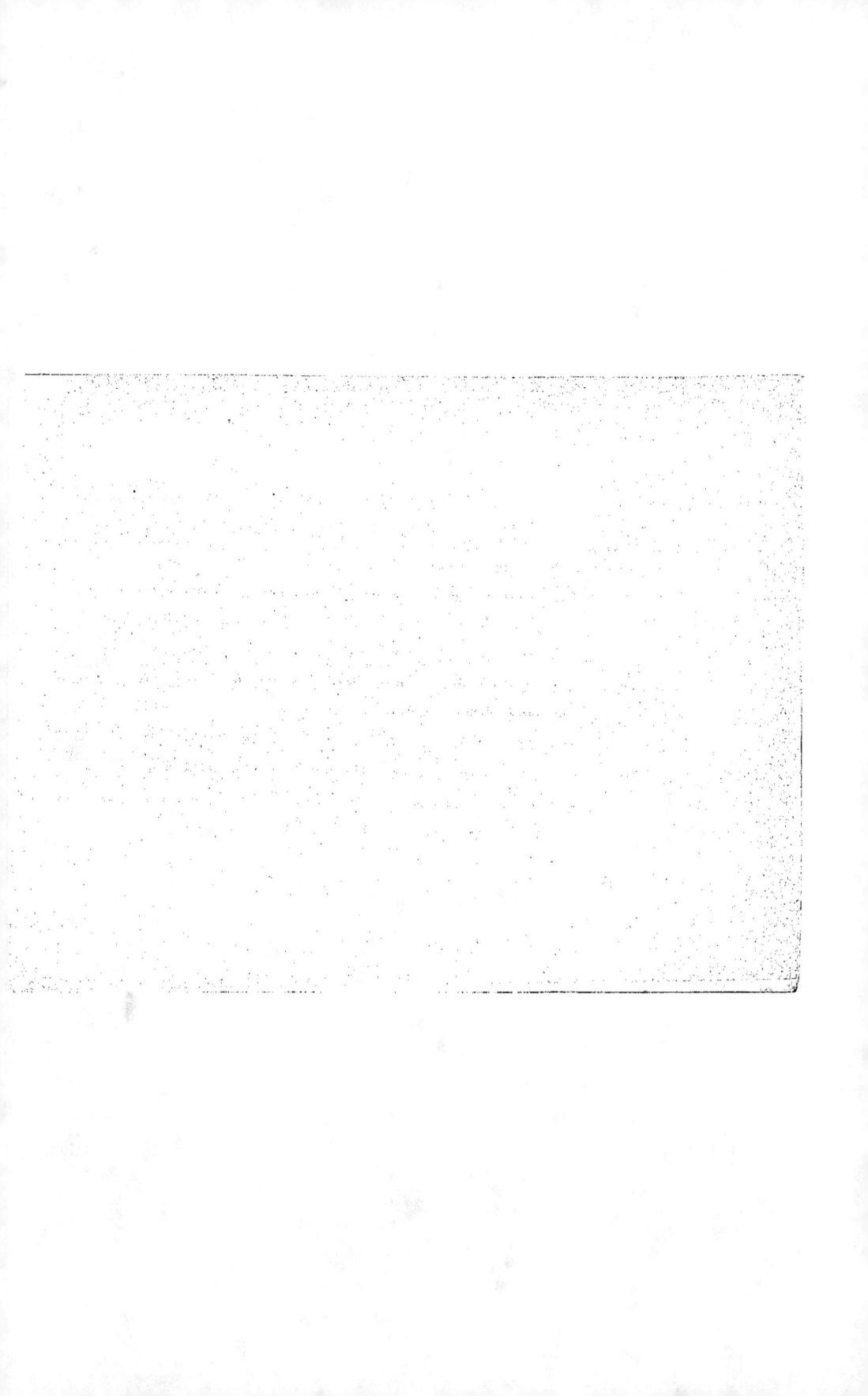

Pl. 72.

Les moblots étaient désarmés et ne venaient plus aux appels que pour toucher leur prêt ; les réunions avaient lieu sur l'esplanade des Invalides. Il y avait aussi des distributions de vivres ; les officiers, qui avaient installé une nouvelle pension dans le voisinage, en sortaient après leur déjeuner, pour venir à l'appel en bourgeois.

Le 7 Mars, les moblots furent licenciés avec dix jours de solde et de vivres. Il restait la division du général Vinoy, impuissante à contenir les gardes nationaux et le peuple de Paris.

C'était une chose singulière que de voir ces jeunes gens recevoir une ration de dix jours de pain, de viande, de riz, de sel, de café ; de vin et d'eau-de-vie. Je n'hésite pas à dire que, vu les circonstances, c'était aller au devant de désordres qu'on aurait pu éviter. Pourquoi ne pas donner en argent ces vivres que les moblots vendaient eux-mêmes au lieu de les emporter ? Ce trafic leur rapporta à chacun une somme assez ronde ; et s'apercevant que, par ce procédé, ils avaient plus d'argent qu'ils n'en avaient précédemment réclamé, ils manifestèrent une satisfaction qui remplaça définitivement leur mécontentement des jours précédents. Ce qui prouve une fois de plus qu'on faisait, sinon adroitement, du moins convenablement les choses. Le 12 Mars, le 7ᵉ mobile fut dispersé pour toujours.

Lith. Grandjean et Coucard, 19, r. du Jardinet, Paris.   N° 72.   Berod, Edit.r 38, rue du

ESPLANADE DES INVALIDES.

DISTRIBUTION DES VIVRES.